读书变现

如何成为一名读书博主

弘丹 著

人民东方出版传媒
People's Oriental Publishing & Media
东方出版社
The Oriental Press

图书在版编目（CIP）数据

读书变现 / 弘丹著. — 北京：东方出版社,2023.3
ISBN 978-7-5207-3301-4

Ⅰ.①读…　Ⅱ.①弘…　Ⅲ.①读书方法　Ⅳ.①G792

中国国家版本馆CIP数据核字(2023)第019945号

读书变现

（DU SHU BIAN XIAN）

作　　　者：弘　丹
责 任 编 辑：辛春来
出　　　版：东方出版社
发　　　行：人民东方出版传媒有限公司
地　　　址：北京市东城区朝阳门内大街166号
邮　　　编：100010
印　　　刷：北京明恒达印务有限公司
版　　　次：2023年3月第1版
印　　　次：2023年6月第2次印刷
开　　　本：710毫米×1000毫米　1/16
印　　　张：17.75
字　　　数：273千字
书　　　号：ISBN 978-7-5207-3301-4
定　　　价：59.00元
发 行 电 话：（010）85924663　85924644　85924641

》 前 言

现在是一个万事万物快速变化的时代，读书不仅仅是一种情怀，更是每个人必备的底层能力和生存技能，也是内容创作变现和实现副业收入的方式之一。

过去几年，我一直深耕阅读和写作领域，不仅自己实现了读书变现，还带领学员实现了读书变现。我有7年的阅读和写作教学经验，长期在一线教学，跟用户在一起，了解用户在阅读上的痛点，也被大家对阅读的渴望深深打动。因此，我创作了《读书变现》这本书。

这本书介绍了实用的读书方法，帮助你不断突破读书障碍，让你告别低效率读书，成为高效阅读者。读书不仅可以带给我们知识和技能的提升，还可以增加我们的财富收入和打造我们的个人品牌。

这本书总共分为三部分。

第一部分，是读书思维篇。我会介绍如何升级读书思维，挖掘读书内驱力，激发自己的读书潜能，并带着你一起制订年度阅读计划。

第二部分，是读书方法篇。我会带着你突破阅读的四大误区，详细讲解五大创意阅读法和三大高效阅读法，帮助你打好阅读基础，使你成为一个高效阅读者。

第三部分，是读书变现篇。我会详细介绍写读后感、书评、书单变现，写听书稿变现，做短视频和直播变现，以及读书社群变现和个人品牌变现等。

　　这本书把读书过程以及读书变现涉及的技能都拆解开来，一一讲解，并设计了相应的阅读工具表，是一本非常实用的阅读工具书。

　　阅读是一项技能，需要你刻意练习和持续行动。阅读结合多种输出方式，将你读过的书发挥出10倍的价值，打造你的个人品牌，实现读书变现。如果在阅读和写作道路上，遇到问题，欢迎关注我的公众号"弘丹在写作"和"弘丹读书"，把你的问题告诉我。也欢迎关注我的视频号"弘丹写作"，每周六早上7点来观看我直播讲书。

　　现在，请翻开书，正式开始你的读书之旅，享受读书带来的乐趣，让我们一起终身阅读、终身写作和终身成长。

读书改变命运，读书成为事业

01

我是一个通过读书改变命运的人，现在读书成为我的事业。

在我很小的时候，我就意识到，我要通过读书改变命运，为自己的人生负责。7岁上学第一天，我就下定决心，一定要好好读书。这个小小的决定，改变了我的一生。

我上的是乡村小学，每天自己背着书包走20多分钟的路到学校。学校的学生人数不多，我所在的班级只有25个人。还有一些班级因为学生太少，所以不同年龄段的孩子合并在一起上课。我从小学一年级开始就是班级里的第一名。四年级时，学校因生源太少关闭，我转学到新学校，依然很快成为班里的前几名。

小时候，我的家庭经济条件并不好，我也因此自卑过。记得小学五年级的时候，要买一本课外练习册，全班就我没有买。我借同学的练习册把题目抄下来。每次发练习册，我一眼就看到了自己的手抄本。

小学的时候，我就学会了洗衣、做饭等家务活儿。周末的时候，其他小孩在外面玩，我在家里做家务。我从没有上过课外辅导班，在学习上，父母从来没有操过心，都是我自己为学习负责。

我用18年的时间，实现了7岁时的梦想。中考时我以全校第一名的成绩考上县城最好的高中。高考我虽然不如平时考得好，也考上了山东省最好的大学——山东大学。大四我放弃保研本校，考上浙江大学研究生。

读书不仅可以改变自己的命运，也能让身边人变得越来越好。

我的读书经历也影响了弟弟，他小学的学习成绩并不突出，有时候还会被语文老师留下来背课文。初中开始，他的成绩突飞猛进。他高考考了690分的高分，被浙江大学录取，离当时清华大学的录取分数线只差十几分。

他在浙大读本科时，我刚好在浙大读研。来自普通农村家庭的我们，能一起在浙大求学，这是非常幸运也是很不容易的一件事。这背后是十几年如一日的刻苦学习和为梦想奋斗的坚持不懈。

读书是普通人逆袭、突破阶层固化最低成本的一条路。读书改变了我的命运，滋养了我的心灵，让我变得有力量，我发自内心感谢读书带给我的改变。

02

学生时代，我读书是为了取得好成绩。毕业之后，我跟很多人一样，几乎不怎么读书，一年读的书不到10本。

2015年，我在机缘巧合下，开始写作。一开始，我每天写400字的日记，自己默默坚持了半年，才注册自媒体账号，进行公开写作。写作一段时间后，我发现自己被"掏空"了，什么也写不出来。我分析原因，是因为自己的摄入太少，于是我开始大量阅读。我的阅读量从一年十几本，增长到60多本。

看完书，我会写读后感和书评，发布在简书、公众号、豆瓣等平台。2017年，有多个平台邀请我写拆解稿和听书稿，我才知道，原来读书还可以获得稿费。我给多个平台写稿，读书写作的副业实现了月入过万。我想，我可以把经验分享出来，影响更多人。因此，2017年我开设了【听书稿写作训练营】，带领大家跟我一起读书和写读书稿。

2018年12月，我接到某平台的合作邀请，开发一门读书写作课。经过4个多月的课程开发和录制，2019年3月底上线了《18节易上手的读书变现课》这门课程。上线后它就成为爆款课程，短时间就突破了1万份的销量，累计销售5万多份。仅荔枝微课一个平台，浏览人数就高达25.35万人次，用户购买后的完课率是76.22%。很多学员因为买了这门微课而报名我的写作训练营和年度会员社群。上线这门课程，成为我事业发展非常重要的里程碑事件。

我热爱读书，读书带给我很多机会。我的写作是从写读书类的文章起步，写出了阅读量46万人次的爆款书单文章，写出多篇阅读量5万多人次的书评文章，逐渐写出影响力，打造了写作领域的个人品牌。躬身入局视频号，我也是从直播讲书和拍摄读书类视频开始，入围"作家榜TOP50"。我累计直播200多场，做到一场直播带货26.68万元。

你热爱的事情里，蕴含着无数的机会。当你持续做你热爱的事情时，会有意想不到的收获。

03

有人说，什么曾经拯救过你，你就试着用它来拯救这个世界。读书改变了我的命运，我相信读书也能改变更多人的命运。因此，我深耕在线教育7年，专注于阅读和写作领域。

从2016年开设第一期【21天零基础写作训练营】，我累计开设了100多期不同的写作训练营。从2018年开设年度写作社群，持续开设5年，每年深度陪伴1000多人。我跟多个平台合作开发课程，全网付费用户10万多人。

我也跟多个公司和平台合作，提供新媒体文章、拆解稿、听书稿等文章的供稿服务。我们的学员为不同的平台累计写了5000多篇文章。

因为热爱，我影响了十几万人跟我一起读书和写作。有宝妈，通过读书写作，找回自己的价值，获得经济收入，活出更加绽放的生命；有"95后"小姑娘，通过学习写作，转行以文字为生，2年时间，从实习期工资2540元，到3个公众号的主编，月薪税后2万元；有60多岁的退休阿姨，从零开始学习听书稿写作，成为4家平台的签约作者。

我们是深度陪伴的写作成长社群，有很多学员都是3—5年的年度会员，还有10年的会员。我们陪伴一些学员从单身到结婚，再到怀孕生子，还有的生了二孩。这些学员人生关键的时间节点都是在我们写作社群度过的。

当我看到他们的人生真真切切地发生改变，我找到了自己的人生使命，那就是推广阅读和写作，影响百万书香家庭，影响千万人爱上写作，活出闪闪发光的人生。

现在，读书已经成为我的事业。把自己的兴趣爱好发展成事业，是一件很幸福的事情。

做自己热爱的事业，每一天都是一种馈赠。

04

你读过的书，会改变你的思维，会重塑你的生命。阅读，是世界上门槛最低的高贵行动。读书是一辈子的事情，我们要做一名终身阅读者。在成为终身阅读者的道路上，以下四种品质我觉得非常重要，跟你分享。

第一，自我担当

自我担当，是我们人生最重要的品质。无论我们身处什么样的环境，都可以为自己的生命负责。即使你现在深陷泥潭，处在人生的困境中或低谷期，当你为自己的人生负责，你就有能力从泥潭中一跃而起，活出奔腾的人生。我人生的改变，就是从为自己的人生全然负责开始的。

我们人生最重要的一件事就是活好，做自己人生的CEO。自己是这个世界上最重要的人，把自己放在第一位，一定要活成自己喜欢的样子。把自己活好了，才能更好照顾家庭，做孩子的榜样。只此一生，为自己而活，活出自信又闪耀的人生。

第二，激发自己的内驱力

内驱力，是指我们发自内心想要去做某些事情。内驱力源于我们内心的渴望，内驱力是我们人生不断取得成绩，实现一个又一个目标的关键因素。我的内驱力特别强，不需要外部的驱动和他人的督促。很多事情，我都是发自内心自己想做。

读书也要激发自己的内驱力。我们读书不是为了别人，是为了自我成长。当我们为自己的人生负责，我们就是在为自己而读书。终身保持阅读的习惯，通过读书，实现终身成长。

第三，专注力和聚焦力

想要成为读书高手，专注力是非常重要的品质。很多人总是很难专注，因此阅读效率很低。不管是读书还是上课，我都非常专注，几乎不走神，学习效率很高，吸收率和转化率也很高。我能专注阅读和写作好几个小时。在写这本书时，我一天专注写作10个小时。很多人无法忍受这么长时间的高度专注，甚至无法保持一个小时的专注。在阅读的过程中，我们要刻意训练自己的专注力。

在某个领域聚焦也很重要。当你持续在一个领域里深耕，会产生复利的积累效应；当你成为这个领域的专家，会有很多的资源和机会向你涌来。而这一切，都是时间的复利。**当你不辜负时间，时间也不会辜负你。**

第四，拥有坚毅的品质

我们想要做成任何事情，都需要坚持和时间的积累。坚毅的品质，非常重要。《坚毅》的作者安杰拉·达克沃思对坚毅的定义是："**向着长**

期的目标，坚持自己的激情，即使历经失败，依然能够坚持不懈地努力下去，这种品质叫作坚毅。"

我能够取得一些成绩，跟我拥有坚毅的品质是分不开的。我特别感谢我的父亲，因为他也是一个坚毅的人。从他身上，我学到了不畏艰难、不怕吃苦的精神。

读书，也需要有坚毅的品质，因为我们不是短时间读几本书，而是要长期阅读，终身阅读，要读几千本书，这肯定需要坚毅的品质，克服各种困难，达成自己的目标。

最后，我们要拥有成长型思维。

人的一生很长，就像《百岁人生》这本书写的，也许未来我们可以活到一百岁。不要因为一时的得失而沮丧忧愁，也不要因为暂时的成功而居功自傲，应该像范仲淹说的"不以物喜，不以己悲"。

当你拥有成长型思维，你就会相信在任何时候都可以改变自己。你就不惧怕任何挑战，无论身处什么样的环境，都可以脱颖而出。

终身阅读者的四大品质

1 自我担当
2 激发自己的内驱力
3 专注力和聚焦力
4 拥有坚毅的品质
内核：拥有成长性思维

我们天生就是要做最好的自己。人生不是跟别人比较，人生是跟自己比较。要不断自我成长，发挥出自己的内在潜能，做最好的自己。

"乾坤未定，你我皆是黑马。"不到最后一刻，不要轻言放弃。

伏案阅读的样子，是我从小到大一直没变的形象。我觉得自己很幸运，能够做小时候喜欢的事情，还把喜欢的事情变成了事业。

读书是一辈子的事情，让我们一起做终身阅读者，让阅读重塑我们的人生，让我们成长为自己喜欢的样子。

弘丹

《精进写作》《从零开始学写作》作者

2022年12月20日于上海

目　录

第一章

升级读书思维：

如何通过读书让自己变得更好

第二章

突破阅读误区：
如何告别低效率阅读

第三章

打好阅读基础：
如何掌握三大高效阅读方法

第四章

写读书文章变现：
如何写出优质读后感书评书单

第五章

写听书稿变现：
如何写出稿费千元的听书稿

第六章

直播变现：
如何成为优质读书主播

第七章

读书社群变现：
如何打造线上读书社群

第八章

个人品牌变现：
如何打造个人品牌飞轮

第一章　　　■ Chapter　01

升级读书思维：
如何通过读书让自己变得更好

1.1

读书是为了改变自己，使自己活得精彩

古希腊哲学家苏格拉底曾说："**要想改变世界，必须先改变自己。**"

我们读书，不是为了完成任务，也不仅仅是为了增长知识，而是为了在阅读的过程中，了解自己，改变自己，不断实现自我突破，活出自己喜欢的样子。**我们读的是别人的故事，激发的是自己生命的力量。**

我们的内心都渴望改变，因为我们想要成为更好的人。我们内心追求成就，因为我们想要活出不一样的人生。如果你渴望改变，就一定要不断阅读，而且要读自己认知之外的书。**人生中很多美好的人和事，都发生在认知改变之后。**

我们每个人都可以通过读书不断自我成长。不管你的原生家庭如何，你过往遭受了多大的痛苦，你依然可以不断自我成长，活成你所期待的样子。书籍可以给我们强大的精神力量，让我们渡过一个又一个难关，陪伴我们不断实现自我突破。

📖 读书带来快速改变

读书之所以会带来快速改变，是因为我们相信自己可以不断改变。

如果你觉得自己的人生就这样了，无法改变了，那么即使你读再多

的书，也不一定对你的人生有帮助。因为你的心理防御阻碍了你，让你并不能真正去践行书中的思维和方法。

爱因斯坦曾说："**持续不断地用同样的方法做同一件事情，但是期望获得不同的结果，这就是荒谬。**"如果你不相信自己可以改变，你就会一直停留在原地，用同样的方法做同样的事情。

很多人不相信自己可以改变，找了很多理由来拒绝改变：我年龄大了，我学历低，我原生家庭不好……拒绝改变的背后，是害怕失败，是害怕自己做不到，是不相信自己可以做到。

无论你的年龄、学历、经历如何，你都是可以改变自己的。就像心理学家卡罗尔·德韦克说的："**你的基本能力是可以通过你的努力来培养的，每个人都可以通过努力和个人经历来改变和成长。**"在任何时候我们都可以改变自己，要相信自己百分之百可以改变。

世界上有三种不同类型的人。第一种是快速改变的人，第二种是缓慢改变的人，第三种是从不改变的人。

如果是第一种快速改变的人，读书对他的帮助会非常大，因为他看了书，就会去践行和改变。每读一本书，他的思维就会升级迭代，他的人生会因为这一次次的升级迭代而变得不一样。

如果是第二种缓慢改变的人，读书对他也是有帮助的。他虽然改变得比较慢，但并没有停止改变。我们不怕慢，就怕停，只要没有停止，就是好事。所以，缓慢改变的人，虽然改变的速度慢了一些，但是依然走在改变的路上。

如果是第三种从不改变的人，读书对他来说并没有太大帮助，因为他从不改变，即使读了书，也不会去践行。

我们要成为快速改变的人。这样我们可以更好地适应这个快速变化的时代。我们可以把自己学到的知识运用到自己的身上，不断改变自己。

很多人为什么没有达成自己想要的改变？因为他们不愿意走出舒适圈。舒适圈里是已知的、确定性的东西，而舒适圈之外是未知的、不确定的东西。很多人宁愿忍受痛苦，也不敢迈出舒适圈，因为他们内心太害怕未知和不确定。

你所想要的美好的东西，都在舒适圈之外。如果在舒适圈内，你早就获得了你想要的美好。所以，你要敢于快速改变，敢于去做不一样的事情。我的目标是每一年都要活出不同版本的自己，每一年都要重塑自己。我们阅读的每一本好书，都在帮助我们重塑自己。

读书的投资回报率是很高的。读书，是用很低的成本，买到书籍作者多年的工作成果。《跨越不可能》的作者史蒂芬·科特勒，在书中提到这样的一组数据。

博客文章：阅读3分钟，获得作者3天的工作成果；

杂志长文：阅读20分钟，获得作者4个月的工作成果；

图书：阅读5小时，获得作者15年的工作成果。

科特勒的《超人的崛起》，是结合自己15年的工作成果和生命体验写成的一本书。你花5个小时阅读，就可以获得他15年的工作成果。我出版的《精进写作》，是结合了我写作6年的实战经验写成的书，而你正在阅读的这本书，是结合了我10多年的读书实战经验写成的一本书。

读书可以延长我们的生命。我们通过读书，获得作者多年的生命体验，就相当于自己用很短的时间获得了几年甚至十几年的生命体验。我们读的书越多，我们的生命体验就会越丰富。

Tips

　　读书是我们成长的捷径。当你的人生遇到困难，不知道怎么办时，就去读书吧。从书中，你一定可以找到合适的解决方案。

📖　阅读评估表，衡量阅读情况

　　改变的第一步，就是先了解自己的阅读现状。我专门设计了一份阅读自我评估表。请你根据目前的实际情况，给自己的阅读现状打分。满分为100分。

　　这个分数，不是为了评判你阅读的水平，而是让你了解自己的阅读现状，这样才能更好地制订阅读方案。另外，这份阅读评估表需要每隔一段时间就做一次，这样你可以清楚地看到自己在阅读上的成长和进步。

　　现在，请花5分钟的时间，做一下这个阅读评估表。在我们随书附赠的小册子里，也有这张表格。

　　读书是为了改变自己，我们做阅读评估表，是为了了解自己的现状，有针对性地提升自己的阅读能力。如果你的阅读评估表的总分在80分以上，说明你的阅读习惯很不错，可以再接再厉，继续提升；如果你的总分在60—80分，说明你的阅读习惯有进步的空间，可以结合这本书的方法，精进阅读技能；如果你的总分在60分以下，也不要气馁，说明你进步的空间很大，只要你稍微做一些改变，就能大幅提升总分。

　　这个阅读评估表，主要是评估大家在阅读上的行动力。行动是很容易发生改变的。只要你看了这本书，去践行书中的方法，你在阅读上的行动就已经发生改变了。

Tips

　　读完这本书后，过一段时间再来做这个阅读评估表，相信你的总分会有大幅提升。我们每个人在阅读上都可以不断精进，阅读技能的精进是一辈子的事情。

阅读自我评估表

日期：＿＿＿＿＿＿

请圈出每项陈述中跟你的现状和行为相符合的数字。如果该陈述和你的状况基本不符，请圈数字1。如果该陈述和你的状况非常相符，请圈出数字10。中间几个数字可以用来表示不同的符合程度。

阅读目的

	不符合 不太符合 比较符合 完全符合
1.阅读每本书，我都会思考阅读目的，有明确的阅读目标	1 2 3 4 5 6 7 8 9 10
2.我会制订详细的年度阅读计划和每周阅读计划	1 2 3 4 5 6 7 8 9 10
3.我每周都会抽出时间阅读，每周至少阅读1个小时	1 2 3 4 5 6 7 8 9 10
4.我每年保持一定的阅读量，每年至少阅读20本书	1 2 3 4 5 6 7 8 9 10

阅读方法

	不符合 不太符合 比较符合 完全符合
1.我用心挑选阅读书籍，在阅读一本书之前，会先去看一下豆瓣评分或书评，调研之后再阅读	1 2 3 4 5 6 7 8 9 10
2.我在阅读时，会先看下封面、封底、目录等内容，再开始阅读	1 2 3 4 5 6 7 8 9 10
3.我阅读比较专注，能专心阅读30分钟以上	1 2 3 4 5 6 7 8 9 10
4.我用开放的心态来读书，喜欢阅读不同领域的书籍，每次读完书特别有成就感，觉得又学到了新知识	1 2 3 4 5 6 7 8 9 10

阅读输出

	不符合 不太符合 比较符合 完全符合
1.读完书后，我会写行动清单，并去践行和运用书中的方法	1 2 3 4 5 6 7 8 9 10
2.读完书后，我经常写读后感、书评文章，或做直播分享	1 2 3 4 5 6 7 8 9 10

总分：＿＿＿＿＿＿＿

对阅读现状是否满意：□满意 □不满意　　是否想提升阅读能力：□是 □否

1.2
每个人都拥有读书潜能，只是没有去挖掘

我们每个人都拥有无限的潜能，只是很多人没有认识到，也没有去挖掘自己的潜能。所以，我特地写了这部分内容，以激发你的内在潜能。

📖 相信自己，拥有无限的读书潜能

我们每个人都拥有丰富的未被开发的潜能。我们所见的是冰山的上面，已经被开发的潜能，但那只是冰山的一角。而冰山下面，我们拥有更多未被开发的潜能。对于读书也是一样的，我们也拥有无限的读书潜能。

很多人在读书的过程中，不断自我怀疑："我真的有读书的天赋吗？""读书真的能带给我改变吗？"在自我怀疑和纠结犹豫中，他们浪费了很多时间。

在这里，我肯定地告诉你："你是有读书潜能的。**我们每个人都拥有读书的潜能，这是我们与生俱来的能力。**"

读书不是少数人的专属，而是每个人必备的底层能力。在读书的道路上，我们要坚信自己通过读书可以不断自我成长，活成自己喜欢的样子。

在学生时代，很多人都听过这样的话，"你不是读书的料""你天生就不爱学习""你太笨了，肯定读不好书"……这些话很多时候是家长和老师说的，特别打击孩子的学习积极性。

我相信，每个孩子天生都有好奇心，也都是有浓厚的求知欲的，只是在成长的过程中，自信心不断被打击，慢慢就失去了对学习和读书的热情。所以，很多人大学毕业之后，就再也不读书了，觉得自己受够了读书，觉得读书是一件很痛苦的事情。我写这本书，是希望能唤起更多人读书的热情。我们要重新找回过去被打击的学习积极性、对读书的热爱，重塑读书观。

信念是非常重要的，你相信自己可以做到，你才能做到。如果你都不相信自己可以做到，别人怎么会相信你能做到？

只有你内心深处真正地相信自己拥有无限的读书潜能，你才会不断去激发你未被开发的潜能。不要觉得自己不擅长读某些类型的书，你可以擅长读任何一本书。

Tips --

相信的力量，会给你带来很大的能量。改变从当下开始，你可以从认真读完这本书开始，相信你会有巨大的收获。

📖 真正的改变，要从"设定"开始

作家哈维·艾克分享了一个思维模式："设定→想法→感受→行动→结果。"你的设定决定了你的想法，你的想法会影响你的感受，你的感受会影响行动，你的行动会带来结果。如果你想要改变结果，不能只是简单地改变行动，而是要从改变"设定"开始。

如果你的设定是"我不是读书的料"，那么你的想法就是"反正我也学不会，干脆别学了"，你的感受是"我很笨，我很沮丧"，你的行动就是不好好学习，自暴自弃。结果你的学习成绩真的不怎么样，也证明了自己不是读书的料。

我们可以给自己积极地设定**"我是一个很擅长读书的人"**，那么你的想法就是**"我非常热爱读书"**，你的感受就是**"读书是一件很快乐的事情"**，你的行动就是**"每天都要阅读，每周阅读1本书"**。结果是你果然很擅长读书，读书带给你巨大的改变，使你成为一名读书博主，或者畅销书作家，读书给你创造价值，阅读成为你的优势。

通过设定积极的读书想法，再不断刻意练习和持续行动，最终你会取得你想要的成果，通过读书活成你自己喜欢的样子。

这是有理论依据的，就是心理学的"自证预言"，你认为自己是什么样的人，你就是什么样的人。所以，你对自己的认知和设定是非常重要的。

不要让别人来设定你的想法，你要自己去设定自己的想法。

我高中学的是理科，大学和研究生 7 年学的是工科专业。很多人听到我是工科生，就会觉得很惊讶。因为很多人的固有思维是：文科生比较擅长写作，理科生不擅长写作。

这是一些固有的偏见，而不是事实。我坚定地相信，不管是文科生，还是理科生，都可以很擅长写作。写作是我们每个人必备的底层能力，我们每个人都拥有写作的潜能。在我的写作课程里，第一节就是帮助大家走出思维误区，相信自己拥有无限的写作潜能。

"我是一个很擅长读书的人"
"我非常热爱读书"

1 设定会决定你的想法

2 想法会影响你的感受

HAPPY

"读书是一件很快乐的事情"

HAPPY　HAPPY　HAPPY

"成为一个读书博主"
"成为一个畅销书作家"

3 感受会影响你的行动

"每天都要阅读，每周阅读1本书"

4 行动会带来结果

你的设定决定了你的想法，你的想法会影响你的感受，你的感受会影响行动，行动会带来结果。如果你想要改变结果，不能只是简单地改变行动，而是要从改变"设定"开始。

　　很多人很容易被他人的看法左右。他们会因为他人的看法而放弃自己热爱的事情，努力迎合他人的想法，却忘记了自己想要成为什么样的人。

　　比如，很多人会说"你都毕业了，还读什么书？""就知道读书，读成了书呆子"等。很多人自己不读书，还要说风凉话阻碍别人读书。如果内心不够坚定，你就很可能因为这样的一些风凉话而放弃自己热爱的事情。

我们不要让别人来决定自己想要成为什么样的人。你的人生会活成什么样子，要由自己来决定。坚定地朝着自己想要成为的样子而努力，不断实现自己的梦想和目标。

我一直相信，通过刻意练习和持续行动，我们可以学会任何技能。

读书也是一个技能，也是可以通过刻意练习学会的。在这本书里，我介绍了很多实用的读书方法和技能。不断刻意练习，你在读书方面一定会有非常大的提升。

Tips

这本书到底会带给你什么样的改变，取决于你自己。你若认真去践行，我相信它一定会带给你巨大的改变。如果你只是买了这本书，随便翻看几页，或者是快速浏览，并没有去践行，那么它带给你的改变可能并不大。

1.3
挖掘读书内驱力，成为卓越的人

你读书的内驱力是什么？我们一定要去寻找自己的内驱力。找到自己的读书内驱力，才能让自己保持终身阅读的习惯。要不然，我们很可能读了几本书就放弃了，觉得自己坚持不了。

📖 激发内在动机，发自内心地热爱读书

很多人的人生是没有内驱力的，缺乏内在动机，人生无目的、无价值。

有些人的人生是由外在动机驱动的，比如受奖惩机制和环境因素影响。

还有少数人，他们有着很强的内驱力，驱动他们的是内在动机，比如兴趣爱好、自我成长等。

当你由外在动机驱动，你的人生是被控制的，是别人说了算，不是自己选择，而是被迫接受。或者是你自己放弃了选择的权利，你不敢为自己的人生负起责任。

当你激发了自己的内驱力，你拥有的是自主的人生。在任何时候，你都有选择的权利，你要为自己的人生全然负责。环境对我们有很大的影响，比如原生家庭，但我们依然有选择的权利，我们依然可以改变自

己，改变命运，过自己想要的生活。

就像保罗·麦尔说的："**你所清楚预见的，热切渴望的，真诚追求的，全心全意争取的，都会自然而然地实现。**"所以，你要找到自己内心真正热切渴望的，然后全心全意去争取，你想要的就会实现。当你找到了自己清楚预见和热切渴望的东西，你就拥有了内驱力。

内驱力的背后，是你想要成为什么样的人。

我有很强的内驱力，是因为我从小就决定要通过读书改变自己的命运。在学生时代，我通过学习成为班级和学校名列前茅的人。毕业工作后，我持续读书和学习，在工作中脱颖而出。

跨界写作后，我持续读书和写作，出版了多本畅销书，成为当当第七届和第八届连续两届的年度影响力作家，并把读书和写作的兴趣爱好变成了自己的事业。在多个领域，我都取得了一些成绩，是因为我非常明确自己想要成为什么类型的人。

我想要成为1%的少数人，成为卓越的人，成为不断自我超越的人。我希望自己不管做什么，在哪个领域，都可以脱颖而出，成为厉害的人。因为有这样的内驱力，我做很多事情根本不需要外界环境的监督，我不断自我突破，实现了一个又一个目标。

成为一个卓越的人，读书是每天必做的事情。每天即使再忙，也要阅读10—15分钟。查理·芒格说："我所认识的聪明人，没有一个不每天读书的。"他还说："巴菲特是一本长着两条腿的书。"

Tips

如果你也想成为卓越的人，那你就一定要每天读书。同时，你也要去挖掘自己的读书内驱力，让自己拥有源源不断地读书的动力。

1.4

读书行动，制订年度阅读计划

哲学家卡莱尔曾说："一个人心中如果没有目标，那他就像一艘没有舵的船。"

很多人难以坚持读书的原因是没有目标，也没有提前做计划。他们总是很随意地读书，有时间就读，没时间就不读。他们总是很忙，也经常想不起来读书，因此发现一年下来没读几本书。如果你想成为一个卓越的人，就不能让自己随波逐流，而是要提前去规划目标。

📖 制订年度阅读计划，追踪阅读进度

有很多人觉得自己的行动力差，所以没有坚持阅读和写作。**问题不是出在行动力上，而是出在目标上**。你如果没有明确的目标，也很少去制订目标，就很难取得自己想要的成果。

还有很多人，没有达成自己的目标，是因为他们很少做计划。经常是来了什么事，就去做什么事，让自己的时间被他人决定。没有提前规划自己的优先顺序，时间经常用来做一些简单琐碎的事情，而不是重要的事情。

还有一些人，会觉得制订目标很耗时间，觉得那是一件复杂的事情，因此，看到这部分内容，就想直接跳过，打算以后再看。

制订年度阅读目标，并不需要花太多的时间，大概20—30分钟就可以，也不需要你立刻就确定这一年要读的每本书。

所以，当你读到这里时，请你停下来，拿出我们随书附赠的小册子，小册子里面有年度阅读计划表，你要认真填写表格。相信我，当你完成后会非常有成就感，而且目标清晰，斗志满满，迫不及待想去实现你的目标。

当你制订了明确的目标，还要去规划达成目标的路径。年度阅读计划表，就是帮助你规划达成年度阅读目标的路径。你不仅仅要制订年度阅读目标，也要去制订人生其他领域的目标。这样，你的人生就是完全按照自己的意愿在生活。

在阅读领域部分，我融入了人生的八大领域，它们分别是：学习成长、职业发展、家庭育儿、身体健康、心灵修养、投资理财、社交人脉、休闲娱乐。在阅读工具表里，因为字数限制，我进行了缩写，每个领域用两个字来说明。

这八个领域，刚好对应我们人生重要的八大领域，也被称为"生命之花"。**生命之花的中心是"你"，"你"要把自己放在生命之花的中心。**这八大领域都是围绕自己而展开。很多人会把工作、家庭等作为自己的中心，而忘记了自己才是最重要的。

Tips

我们每个月或者每年，都可以给这八大领域打分，如果满分是10分，请你估算下目前自己的状况是多少分，你期待的理想状态是多少分，以及如何去达成你的理想状态。

下图是一个示例，大家可以参考示例，绘制自己的生命之花。给人生的八大领域，每个领域都打分，并且在生命之花上用不同的颜色绘制出相应的分数。

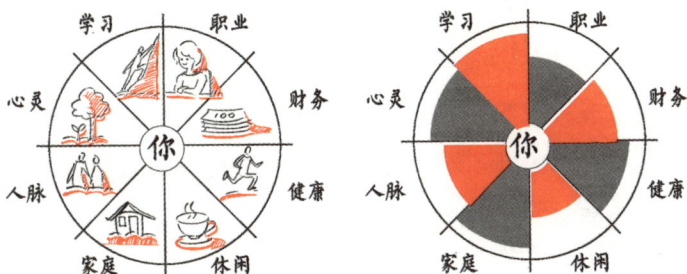

人生八大领域

我们的人生不仅要做到事业与家庭的平衡，更要实现人生八大领域的平衡。我们的阅读计划也要围绕这八大领域来规划，助力我们活出幸福而平衡的人生。

接下来，我们根据年度阅读计划表，一步步来制订自己的年度阅读计划。我用清单体的方式，来介绍如何填写年度阅读计划表。

1. 填写年度阅读数量

每年要清晰规划这一年的阅读数量。在表格里填写年度阅读的数量、听书的数量和阅读的频率。我2022年的目标是：阅读52本书，听书30本，频率是每周阅读1本。

2. 填写年度重点阅读领域

我们每个人的时间和精力都是有限的，在阅读书籍时，每年可以设定自己的主要阅读领域。从八大领域中，选择3—4个领域作为重点阅读领域，其他领域作为辅助阅读领域。我2022年的重点阅读领域是：学习成长，职业发展，家庭育儿，身体健康。

3. 填写年度阅读目标

清晰写下年度阅读目标，自己希望通过阅读达成什么目标。2022年，我的阅读目标是：通过阅读，升级思维和认知，精进专业能力，成为阅读和写作领域的专家、内容创作的专家，活出平衡而幸福的人生。

4. 填写阅读内驱力

我们要去挖掘自己的阅读内驱力，清晰知道自己为什么而读书。我的阅读内驱力是：我想要成为1%的少数人，成为卓越的人，成为不断自我超越的人。这也是我不断学习，不断突破舒适区，去挑战有难度目标的原因。你也要写下自己的阅读内驱力。

5. 规划每周最小行动方案

年度阅读目标要进行拆解，落实到每一周，规划每周最小行动方案。每周都达成阅读目标，就能达成年度阅读目标。

每周最小行动方案，要详细写每周阅读的频率和任务，安排在什么时间来阅读。同时，也要设定输出的目标，用什么样的方式进行输出。

我每周深度阅读1本书，每天阅读15分钟。阅读时间安排在8:00—8:15，或者14:00—14:15。每天尽量固定阅读时间，遇到特殊情况可以调整，但一定要完成规定的15分钟阅读。读完书，可以发一条读书朋友圈，作为输出打卡。

周末安排1个小时的专注阅读，完成每周阅读一本书的任务。同时，也要规划自己的输出频率，比如，我每周六早上7点视频号直播讲书，每周一在年度社群分享读书收获等。

6. 达成目标后奖励自己

我们要看见和认可自己的每一个微小的进步，在设定目标时可以写下达成目标会奖励自己什么，来激发自己的内驱力。写下让你怦然心动的事物，想象当你达成目标，你就将拥有这些，你的内心就会有强烈的一定要达成目标的决心。

达成目标，你可以给自己买一条心仪的裙子，买一套你喜欢的书，或跟家人一起去短途旅行等。只要是让你特别心动的，能满足你的愿望的，都可以写下来。

7. 写下自己的承诺

写下你的自我承诺，一定要百分之百达成目标。自我承诺非常重要。影响力六大原则，其中一条就是：**承诺与一致性原则**。我们很重视对他人的承诺，会尽力去兑现。我们也要非常重视对自己的承诺，全力以赴去实现自我承诺。

8. 每周进度追踪

很多人制订了年度计划但没有达成目标，是因为没有把计划拆解成行动步骤，并每周追踪达成情况。制订了每周的最小行动方案，我们就可以追踪每周的目标达成情况。

一年52周，就是1—52的数字。哪一周完成了目标，就在相应的数字上打钩；如果没有完成就打叉。年底的时候，当你看到表上满满的都是√，一定会非常有成就感。

如果某一周没有完成目标，要在后面补上。一整年阅读计划的优势，是可以结合每周或每月空闲时间作调整，在一整年里完成目标就是成功的。

如果一年阅读50本书，10年就可以阅读500本书，50年就可以阅读2500本书。这就是时间的力量，也是日积月累的力量。

读书和不读书的人生是不一样的。你的气质里藏着你走过的路、读过的书。腹有诗书气自华，读书会改变我们的气质，让我们活成自己喜欢的样子。

以下是我填写的2022年度阅读计划表，可以作为参考来填写你的年度阅读计划表。我们随书附赠的小册子里有空白的年度阅读计划表，可以直接使用。

我还设计了"**每周阅读记录表**"，来记录每周的阅读情况。在小册子里就有"每周阅读记录表"。在第二章我会详细分享，如何填写每周阅读记录表。

Tips --

这些表格，我们可以打印出来，在纸质表格上填写，也可以用电子版本，在印象笔记、石墨文档等处填写。

年度阅读计划表

姓名：弘丹

年份 2022 年	阅读数量 50 本	听书 30 本	频率 每周读 1 本

阅读领域 ☑学习 ☑职业 ☑家庭 ☑心灵 ☑健康 □理财 □人脉 □休闲

每周进度追踪表（完成每周目标打√）

1	2	3	4	5	6	7	8	9	10	11	12	13	14	15	16	17	18
19	20	21	22	23	24	25	26	27	28	29	30	31	32	33	34	35	36
37	38	39	40	41	42	43	44	45	46	47	48	49	50	51	52		

年度阅读目标

通过阅读，升级思维和认知，精进专业能力，成为阅读和写作领域的专家、内容创作的专家，活出平衡而幸福的人生

阅读内驱力

我想要成为 1% 的少数人，成为卓越的人，成为不断自我超越的人。成为一个卓越的人，读书是必备的能力

每周最小行动方案

1. 每周深度阅读 1 本书，下午 14:00—14:30 阅读 30 分钟，全年完成 50 本书阅读

2. 每周六早上 7 点，在视频号直播讲书，直播 2 小时，全年完成 50 场直播讲书

3. 每周一是年度会员专属的【周一答疑室】，每周在社群里跟大家分享读书收获

4. 完成 3 次主题阅读，专题为：英语启蒙、领导力、短视频直播。写主题阅读文章，直播分享

5. 每周听一本书，一年听 30 本以上的书，在日常洗漱、做家务、跑步运动时，同步听书

达成目标奖励自己

1. 学习全方位领导人 LMI 领导力课程的 EML "有效的激励式领导" 课程

2. 跟家人一起带宝宝去北京旅行，去故宫、长城、颐和园等景点

3. 跟团队一起去成都办新书签售会，在成都团建，看大熊猫，拍美美的照片

我的承诺

我是一个使命必达的人，我一定可以百分之百完成 2022 年度阅读计划，实现自己的阅读目标

1.5
读书打造硬技能，实现读书变现

　　读书可以帮助我们打造硬技能，也会带给我们巨大的收益。你遇到的很多问题，都可以在书里找到解决方案。我们每个人都可以从读书中获益。我们一起来看一下读书带给不同人群的收获。

📖 职场人士读书，打造职场硬技能

　　在这个快速发展的时代，阅读不仅是一种情怀，也是每个职场人士的标配和必备的生存技能。通过不断读书，我们可以打造职场硬技能。

　　读书会带给我们职场安全感。真正的职场安全感，不是你职位很稳定，公司很稳定，而是你拥有的技能，让你随时都能找到合适的工作。你拥有的才能，才是你真正的安全感。

　　要在职场中做出更多的成绩，实现升职加薪，就必须在认知和思维上远远超过其他人。你要比别人读更多的书，读更好的书，不断刷新自己的认知，才能保持这种超越。

　　我的年度会员社群中，有很多职场人士自己报名来学习。还有公司高管带着整个团队一起组团来学习。因为他们想不断自我成长，让自己在职场中保持竞争力。

有很多职场人士会说自己太忙了，没有时间读书。正因为你忙，才更要不断读书和学习。很多人十几年的工作经验，其实是一年的工作经验用了十几年，成长却几乎是停滞的。换个说法就是，因为你不读书、不学习，才会导致自己很忙。

还有一些职场人士会说，花时间读书，不如直接去实战。工作中的实战当然非常重要，但很有可能，你花了好几年实战总结出来的经验，别人早就写在书里了。如果你花时间去阅读，运用书中的方法，说不定可以少走很多弯路。在职场中，我们经常可以看到一些年轻人，工作几年就身居要职。

Tips

每年掌握新技能，提升自己的硬核本领。相信这样的你，在职场中会获得更多的机会，也更容易脱颖而出。

📖 宝妈读书，做孩子的榜样，实现自我价值

很多宝妈加入我的社群学习，主要出于两个目的。第一，是自我成长的需求；第二，是给孩子做一个好榜样。

很多宝妈加入我的社群后，不仅激发了自己的学习热情，也激发了孩子的学习热情，培养了孩子良好的学习、读书、写作等习惯。还有一些学员，带着孩子一起听我的课程，她们的孩子也很喜欢我。

学员明媚说："我要成为一个旺三代的女人。"这个目标特别好，我们女性不断自我成长，就可以成为旺三代的女人，或者是改变家族命运的人。学员中有一些人已经是奶奶级别了，她们一边带孙子，一边在社群学习。她们不仅学习写作，还做短视频、做直播，是新时代的奶奶。

我的课程，不仅可以激发我的学员们的学习内驱力，还可以激发她们孩子的内驱力，让他们从"要我学"，变成"我要学"，成为一个自主学习的孩子。

比如，学员Luna加入写作社群，是为了自己学会写作，辅导女儿写作文。她女儿的语文成绩不太好，写作文都是凑字数。她加入写作社群一年多时间，陪伴女儿读书写作，女儿的语文成绩已经成为班级里的前几名。**每一个优秀的孩子背后，都有一个爱读书爱学习的父母。**

宝妈读书和学习，不仅仅是给孩子做榜样，也是满足自我成长的需求。女性对于自我成长是有比较高的需求的，她们不满足于停留在现状止步不前，想要不断成长和突破。当她们在不断阅读，其实就是在不断自我成长。而且她们还可以通过读书变现，获得经济上的收益，这也可以增加她们的价值感。

Tips

阅读带给女性心灵的滋养，促进她们自我价值感的提升，使她们不断突破自我，活成自己喜欢的样子。

📖 内容创作人读书，提升创作能力

作为内容创作人和新媒体作者，我们更需要不断读书。内容创作是输出，如果只有输出，没有输入，很快就会被掏空，所以要不断读书，使输入和输出形成一个闭环。

作为长期的内容创作人，我们要做好两件事。第一件事，就是不断读书，升级自己的认知和思维。第二件事，就是不断践行，在实践中积累经验，写我所做，做我所写。

阅读对于写作者来说，就像吃饭喝水一样平常的事情，也是每天必做的事情。想要成为某个领域有建树的写作者，就要在这个领域持续深耕，大量阅读。

比如唐浩明先生，他潜心研究曾国藩近20年。他的很多著作都是围绕曾国藩来写的，出版了30卷，共1500多万字的《曾国藩全集》。唐老师一生都在不断做曾国藩主题的阅读，查阅史料，分析对比，出版著作。

我们写作社群的学员出版了一套4本名人传记的书，林希言写的是《张爱玲：我站在原点只等你一人》，富春艳写的是《三毛传：如果有来生，要做一棵树》，梁铭芳写的是《林徽因：优雅是永不褪色的美》，言诗语写的是《仓央嘉措诗传全集》。她们在撰写名人传记的时候，会大量阅读相关的资料。

Tips

我们可以通过阅读，不断收集写作的素材。所以，阅读是每一个写作者必备的技能。当你不断读书，你写一辈子都不用发愁没东西可写。

📖 读书作为副业，实现读书变现

如果读书既能获取知识，又能创造价值，增加财富收入，你想要读书吗？我相信很多人的读书动力就会强很多。

实现读书变现的例子有很多，樊登老师是典型的代表。樊登老师创办樊登读书，是源于自己热爱读书，又观察到一个社会问题，用"讲书"的方式来解决这个社会问题，创造了自己的读书事业。

很多平台也都有读书产品，比如，十点读书有"10天陪你读本书"的活动。我的很多学员，都给十点读书的栏目写过读书稿。比如，哈哈静写了《终身成长》《大女生》等书籍的读书稿，走心匠写了《这样读书就够了》等书籍。

读书是一项"副业"。对于大部分人来说，我们不一定把读书当作主业，可以把读书当作副业，实现副业变现。我的很多学员，都实现了读书变现。比如，64岁的乐都姐姐，通过读书不仅让自己的退休生活更加丰富，还获得了稿费的收益。2021年，她给4个平台写听书稿，写了几十篇稿件，累计稿费上万。

读书也是一种"复业"。复业指的是，善用自己的能力和技能，以工作成果来赚取利润。复业是把自己的技能产品化，带来复利的收益。好的复业，是可以像复利曲线一样不断增长的。读书带给我们知识，而知识的积累具有复利效应。

读书也是一项"富业"。不仅可以不断创造财富，还可以为"共同富裕"作贡献。当有更多人不断读书，我们整个社会也会变得越来越好。

读书也是一项"福业"。会带来很多福气。通过读书修炼自己的内心，带来更多的福气。弘丹写作的愿景是，影响百万书香家庭，影响千万人爱上写作，活出闪闪发光的自己。

我们的人生要找到比自己的生命更大的东西，"something bigger than yourself"，推广阅读和推广写作，就是那件比自己更大的事情。这也是在为自己、家庭、社会作贡献。在不断推广阅读和写作的道路上，就是在不断积累福气。

把读书作为你的副业，你不仅会拥有一份复业，也是拥有了富业和福业。

我们想要成为读书博主，实现读书变现，首先要成为读书达人。先做到每天读书，通过阅读不断提升自己的能力，改变自己的思维和认知，不断自我精进。

在第二章，我会跟你分享，如何突破阅读误区，告别低效率阅读，成为一名读书达人。

第二章　　■ Chapter 02

突破阅读误区：
如何告别低效率阅读

2.1
阅读误区：突破四大误区，成为读书达人

阅读的第一步，要先突破阅读的思维误区。在阅读过程中，有哪些阅读误区？我总结了四大误区，我们逐个来突破。

📖 误区一：从头到尾阅读，才算读完一本书

很多人认为，读书必须是从头到尾，逐字逐句地去看，才算真正读完一本书。我们要更新一个观点，**书不仅仅是用来"读"的，更是拿来"用"的。**

很多人把"读完这本书"作为自己的阅读目标，只要读完这本书，目标就达成了。我们读书的目标仅仅是把书读完吗？肯定不是的，我们读书是为了解决自己的问题。

我们要成为书的主人，而不是书的仆人，书是为我们服务的。我们可以只读书中的一小段，只要能解决自己的问题，达成自己的阅读目标就可以。

成年人的读书，不是为了记住。我们不一定非要从头到尾按照顺序阅读，可以拿起一本书随手翻到某个章节阅读，也可以从目录中筛选自己感兴趣的章节阅读。一本书可以分为多次来阅读，也不一定只读一遍，可以多读几遍。

Tips

我们可以把阅读变成一件有趣的事，随时有空就读5页书，读完就去践行。把"读书"变成"用书"，你的阅读负担就会小很多，阅读效果却会好很多。

📖 误区二：看书追求速度和数量，不注重效果

很多人为阅读速度慢而苦恼，想要提升自己的阅读速度。我们通过刻意练习，可以不断提升阅读速度，但阅读速度并不是关键。**读书的关键是理解能力，能否真正理解作者表达的意思，并改变自己的思维和行动。**

很多人，会给自己设定每年阅读100本书的目标。这个目标可以让我们大量阅读，养成阅读的习惯。但我们阅读不能只追求数量，而不重视质量。不能为了完成阅读数量，囫囵吞枣，随意翻阅书籍，没有深入理解就算完成这本书的阅读。

有时候，慢下来，反而是一种快。我学习LMI领导力课程，上课前要把教材内容听6遍，朗读2遍。一开始觉得进度好慢，当我真正去听和朗读了，才发现，**慢下来，才能读到心里去。**

Tips

阅读是要下功夫的，不是随便走马观花就可以的。好书值得阅读多遍，如果一本书带给你非常多的改变，可以把这本书阅读10遍以上。真正把一本书读透、用好，胜过囫囵吞枣阅读100本书。

📖 误区三：只看专业书，不看其他书

很多人只阅读本专业的书，很少看跟专业无关的其他类型的书。比如，是程序员，就只看编程、算法相关的专业书籍，而不太阅读其他书籍。

阅读不仅需要高度和深度，也需要广度。 投资大师查理·芒格多次提到多元思维模型，他提倡要不断学习众多学科知识来形成思维模型框架，要不断跨学科学习。

跨界阅读，可以突破认知壁垒，提高多维思考能力。 腾讯公司原副总裁吴军曾说："跨界是打破思维的壁垒，实现不同思维之间的连接。乔布斯就是在技术和艺术两个领域进行跨界，因此拥有了独特的思维视角。"

人不能只有一种维度的竞争力，而要拥有多种维度的竞争力。比如，内容创作，就需要有阅读能力、写作能力、视频创作能力、直播能力等。你拥有多个维度的竞争力，就更容易在激烈的竞争中脱颖而出，走得更远。

还有一些人，提到阅读，就是阅读文学类的作品，像小说、散文、故事等，对实用类的书比较排斥，觉得这些书比较功利。

我的一些学员，参加30天听书稿写作训练营后，才意识到实用类书的价值，才开始阅读这类书。我自己很喜欢阅读实用类的书，从这类书中学到了很多方法，运用到工作和生活中，提高了工作效率，也让自己变得越来越好。

Tips

跨界阅读往往会带来惊喜和创意。其他领域的知识和方法可以迁移到自己的专业领域，说不定你会有意想不到的收获。

📖 误区四：只阅读，不输出，也不行动

很多人读完书就把书放回书架，束之高阁，不去行动和践行。这是很多人读了很多书，生活却没有太大改变的原因。

我们要从内容消费者转为内容生产者。读完每一本书，都要产出自己的内容。我们每个人都可以成为内容生产者。

读完书的一个最小行动，就是分享自己的收获到朋友圈，这个行动每个人都可以做到。比如，我阅读老子的《道德经》，其中一段话特别喜欢："知人者智，自知者明；胜人者有力，自胜者强；知足者富，强行者有志；不失其所者久，死而不亡者寿。"

我把这段话，配上书籍的封面照片，发到了朋友圈，没有想到很多人点赞。有朋友在评论区说，他立马就下单买了这本书。你看，一个简单的分享，就可以影响别人一起来读书。

读书是一件孤独的事情，多去分享，你就会收到很多的正向反馈，会让你更有读书的动力。同时你分享的内容，也会给其他人带去价值。

Tips

做一个践行者，而非只是阅读者。我们阅读每一本书，都要带着目标去阅读，读完之后，都要去行动。只要能运用书中的一个观点、一个方法，改变自己的一个思维或者行为，我们看这本书就值了。

突破四大阅读误区，告别低效率阅读

1

误区 1：
从头到尾阅读，
才算读完一本书

2

误区 2：
看书追求速度和数量，
不注重效果

3

误区 3：
只看专业书，
不看其他书

4

误区 4：
只阅读，不输出，
也不行动

2.2

创意阅读法：五个创意方法，让阅读变得有趣

突破了阅读的四大误区，我们就一起开启阅读之旅吧。接下来，跟你分享5个创意阅读方法，用简单轻松的方式，让自己爱上阅读。

📖 10分钟阅读法，轻松开启阅读

很多人觉得读书必须抽出半个小时、一个小时的整块时间，但工作又很忙，很难抽出这么长时间，干脆就不读书了。其实，只要你有10分钟，就可以实现阅读。

我们一天中不知道浪费了多少个10分钟，随便看个短视频，或者看下热点新闻，10分钟就过去了。这些浪费掉的10分钟高效利用起来，我们一周说不定就可以读完一本书。

我用清单体的写作方式，来介绍如何运用10分钟阅读法。

1. 快速筛选阅读书籍

10分钟阅读法，总共只有10分钟，在选书这个环节上，速度一定要快。如果你已经明确今天要阅读的书，直接拿出这本书；如果你还没确定好，可以从书架上快速选择当下最想要或最需要阅读的书。

2. 看目录确定阅读页数

拿到书后，看下目录，找出你最想看哪一小节的内容。一本实用类的书，小节与小节的内容有一定的独立性。即使你没有看前面部分的内容，单独看这一小节的内容，也不太影响你对内容的理解。

比如，我翻开《卓有成效的管理者》这本书，花30秒浏览目录，当下我最想要阅读的部分是"统一安排可以自由支配的时间"这个小节，页码是55—60页。

3. 定闹钟专注阅读10分钟

给自己设定一个倒计时闹钟，倒计时10分钟。翻到想看的地方，专注阅读文本的内容。比如，我翻到第55页，逐字逐句阅读，我用10分钟，可以轻松读完这5页的内容。

4. 用5分钟写收获和行动清单

先用10分钟阅读文本内容，再用5分钟总结提炼要点，写自己的行动清单。

我们在写复盘和收获时，可以先合上书，写下自己印象最深的知识点；再打开书，回顾和补充，看自己是否有遗漏重要知识点。先回忆再回顾，收获会更大。然后，再写自己的行动清单，学以致用，把书里的方法运用到生活实践中。

看完书我用5分钟快速在笔记本上写下收获。

第一点收获：必须预留整块时间，时间碎片化就相当于没有时间。

这本书的作者，彼得·德鲁克说："时间分割成许多段，等于没有时间。"我们要把碎片化时间整合成为整块时间，批量处理事情。

第二点收获：每天预留不受打扰的时间，做重要的事情。

我们总是会逃避或拖延重要的事情，把很多时间用来做不重要的事情。我们每天要预留整块不受打扰的时间，来做重要的事。每天早上6点到8点是我整块不受打扰的时间，我会用来专注写作。

第三点收获：按照一个小时的专注时间，来安排自己的整块时间。

我们的专注力是有限的。书中一位银行总裁说自己的注意力只能维持一个半小时，时间太长，谈话就没有任何新意了。我们可以测试自己的专注时长，也可以用番茄钟工作法，25分钟专注，5分钟休息的节奏来工作。

我专门设计了创意阅读法的记录表，主要填写核心观点和行动清单。我们每次阅读时，都可以使用这个表格，来记录自己的阅读收获。这个章节介绍的5种创意阅读法，都可以用这个表格来记录阅读收获。

创意阅读法记录表

姓名：弘丹　日期：2021.8.16

书名：《卓有成效的管理者》　｜　阅读方法：10分钟阅读法

阅读领域

☑学习　□职业　□家庭　□心灵　□健康　□理财　□人脉　□休闲

核心观点

1. 必须预留整块的时间，时间碎片化就相当于没有时间
2. 每天预留不受打扰的时间，做重要的事情
3. 按照自己可以专注的时间，来规划自己的整块时间

我的行动清单

1. 批量工作，预留整块时间，集中处理相似的工作
2. 早起黄金时间：早上6:00—8:30，主要用来写作或写课程逐字稿
3. 每次专注时间，设置为1—2个小时，手机放抽屉里排除干扰

阅读时长：10分钟　｜　书写时长：5分钟

在输出复盘时，我们也可以用语音写作的方式，一边说话一边转化为文字，高效输出收获和行动清单。

用"10分钟阅读法"来阅读，你即使只花了10分钟，也会有非常多的收获。当你不断去践行，就会发现读书带给自己的巨大收获。

📖 找不同阅读法，不断积累知识卡片

　　很多人阅读的时候，经常是在找相同，有哪些内容自己是赞同的，跟之前的哪本书是类似的观点。

　　但我们在阅读书籍时，更应该找不同。找到那些跟自己的认知不同，甚至是颠覆认知的内容，或者是一些新的概念、新的方法等。我把这样的阅读方式，称为"找不同阅读法"。用找不同的方式来阅读，我们读每一本书都可以扩大自己的认知范围。

　　找不同阅读法，是专门去找这本书里新的概念、新的方法、陌生的知识点、颠覆认知的知识、不熟悉的内容等。只要你觉得跟你以往的认知不同，都可以找出来，认真思考。

　　找出这些陌生的知识点或新的概念，我们可以写在卡片上，做成知识卡片（Knowledge Cards）。知识卡片是将知识进行结构化、可视化的一种表达方式。

我用清单体的写作方式，来介绍如何运用找不同阅读法。

1. 找出书籍中的关键概念

每本书，都会有自己的关键概念，甚至有些书，一本书是围绕一个关键概念展开的，像《微习惯》《坚毅》《刻意练习》等，书名就是关键概念。找不同阅读法的第一步，就是去找出这些关键概念。

比如，《少有人走的路》的第一章的章节名就是"自律"，我们可以很容易就找到这一章的关键概念就是"自律"。

2. 找出概念的定义和相关金句

找到关键概念后，我们要仔细阅读书籍的文本内容，找到这个概念的定义或解释，以及相关的案例或金句等。

比如，自律的定义：**所谓自律，就是主动要求自己以积极的态度去承受痛苦，解决问题。**

作者说："自律是解决人生问题最主要的工具，也是消除人生痛苦最主要的方法。"作者还总结了自律的四个原则：**推迟满足感，承担责任，忠于事实，保持平衡。**四个原则背后的原动力：爱。

3. 创建知识卡片

我们可以结合刚才找到的关键信息，创建知识卡片。在知识卡片上写概念的名称、概念的解释、金句等；也可以在卡片的背面写上自己的收获感想、相关的案例，以及如何去运用这个概念。

我们一起来制作"自律"的知识卡片。在卡片的正面，我们写上"自律"这个概念的名称、自律的定义、跟自律相关的金句等。在卡片的背面，我们写上自己的收获和感想，以及如何去运用这个概念。我们可以制作电子版知识卡片，也可以制作手写的知识卡片。

自律

定义： 主动要求自己以积极的态度去承担痛苦，解决问题。

四原则： 推迟满足感，承担责任，忠于事实，保持平衡。

背后的原动力： 爱。

金句： 解决人生问题的关键在于自律。自我价值的认可是自律的基础。

出自： 《少有人走的路》

知识卡片

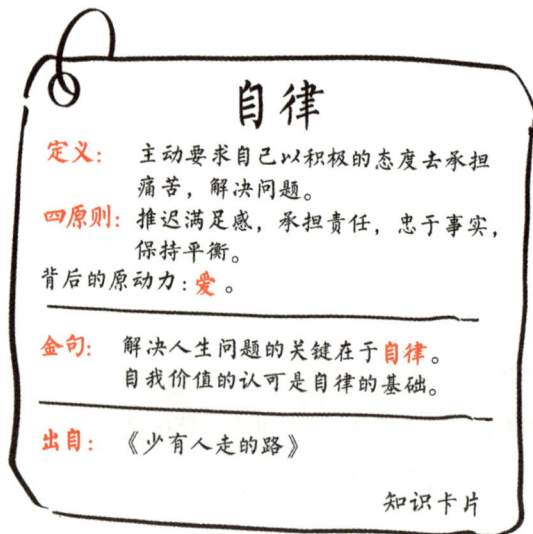

理解自律的关键，是理解自律四原则，以及背后的原动力"爱"。接下来，我们还可以给"推迟满足感""承担责任""忠于事实""保持平衡""爱"这五个概念再分别创建知识卡片。

我们阅读每一本书都去找不同，并且去思考如何运用这些新知识。阅读每一本书，都会让我们走出舒适区，刷新自己的认知。当我们不断制作知识卡片，我们就能积累很多新概念，写作的时候就可以用上这些素材。

著名作家纳博科夫经常采用卡片创作法，这是他一生最爱的创作利器。他会经常在写好的卡片之间寻找互相的关联性，激发灵感，会把卡片像拼图游戏一样拼出作品。

知识卡片，可以用A4纸来制作，也可以直接网上购买空白的卡片，十几块钱就可以买200张卡片，也方便收藏。

萃取阅读法，快速提炼书籍精华内容

我们在阅读的时候，不仅仅只是阅读，而是读完之后，要去萃取这段文本的精华以及自己对于这些内容的理解。

萃取阅读法，指的是阅读过程中，萃取文本的核心内容，重点萃取关键概念、核心观点、内容结构、金句等这些关键的信息。

萃取阅读法，也是写书评、拆解稿、听书稿等读书稿件的核心技能。我们写这些文章时，都要用自己的语言来讲述书的核心内容。

我用清单体的写作方式，来介绍如何运用萃取阅读法。

1. 萃取关键概念

在"找不同阅读法"里，也有用到萃取阅读法，就是从文本中萃取关键概念。萃取阅读法和知识卡片相结合，可以从书籍中萃取知识晶体，内化为自己的知识。关于萃取关键概念，我已经在找不同阅读法里详细介绍过。

2. 萃取核心观点

每本书都是有很多核心观点的，我们要善于从书籍中萃取核心观点。一般核心观点会加粗，或者是在段落的开头或结尾等地方比较容易找到。

举个例子，在阅读误区的部分，每个误区都可以萃取核心观点。我们以误区四为例，核心观点是：我们要从内容消费者转为内容生产者，读完每一本书，都要产出自己的内容。

3. 萃取内容结构

除了萃取核心观点，我们还可以萃取文本的内容结构，这样我们可以去搭建自己的知识体系。萃取内容结构时，我们可以用思维导图的方式来呈现。

我们以创意阅读法为例，这部分的结构是非常清晰的，主要介绍了5种创意阅读方法，每个方法都用清单体的方式来介绍步骤，并举了例子来说明。

我们用思维导图的方式，来萃取这部分的结构，逻辑框架是非常清晰的。我们在阅读文本时，要善于用思维导图去萃取核心观点和结构，内化为自己的知识结构。

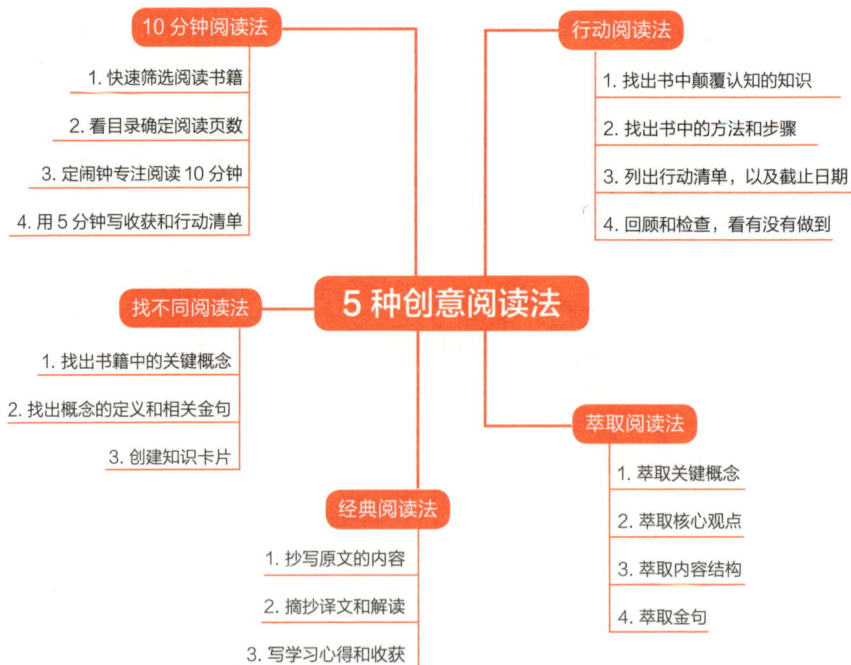

10 分钟阅读法
1. 快速筛选阅读书籍
2. 看目录确定阅读页数
3. 定闹钟专注阅读 10 分钟
4. 用 5 分钟写收获和行动清单

行动阅读法
1. 找出书中颠覆认知的知识
2. 找出书中的方法和步骤
3. 列出行动清单，以及截止日期
4. 回顾和检查，看看有没有做到

5 种创意阅读法

找不同阅读法
1. 找出书籍中的关键概念
2. 找出概念的定义和相关金句
3. 创建知识卡片

萃取阅读法
1. 萃取关键概念
2. 萃取核心观点
3. 萃取内容结构
4. 萃取金句

经典阅读法
1. 抄写原文的内容
2. 摘抄译文和解读
3. 写学习心得和收获

4. 萃取金句

在写文章的时候，我们经常用到金句，所以我们在阅读的时候，也可以萃取金句，放到自己的素材库里。金句是作者思想的精练表达，萃取金句，就是在萃取作者的核心思想。比如，我们可以从这本书里萃取的金句："读书是普通人逆袭、突破阶层固化最低成本的一条路"，"做自己热爱的事业，每一天都是一种馈赠"等。

我们可以用萃取阅读法，检验自己是否真正读懂文本内容。如果我们能很快萃取出核心观点，说明我们对这部分内容的理解比较透彻。如果我们很难提炼出核心观点，可能我们还没读懂这部分内容。

Tips

萃取了这些关键信息后，我们还要思考自己的收获和行动清单。通过不断践行，让学到的知识转化为生产力。

📖 经典阅读法，阅读和背诵经典的作品

经典阅读法，适用于阅读一些经典的作品。那什么是经典？著名学者易中天的解释是："所谓'经典'，就是一个民族、一个时代最有意义最有价值的著作。而且，它的意义和价值还是永久性的。什么叫'经'？经就是恒常，经常。什么叫'典'？典就是模范，叫典范。换句话说，经典就是'恒久的模范'。"

经典书籍，可以穿越时空，带给我们启迪和智慧。 所以，我们平常要多读一些经典书籍，把这些智慧运用到自己的工作和生活中。

如果有时间，可以每天朗读一些经典作品，一边朗读，一边写学习

心得，一边记忆和背诵。我在2015年到2016年期间，每天写《论语》学习心得，写了200多篇，发布在简书和头条号。我还组织过《论语》共读活动，带着大家一起朗读。2022年，我给每一位年度会员赠送了《论语译注》一书，带着大家一起共读。

朗读经典，可以带给我们很多启发，同时也会激发我们的生命力量，让我们的内心更加平静。每天抽5分钟，朗读《论语》一个章节，20天左右就可以朗读一遍，100天可以朗读5遍。

经典阅读法的步骤就比较简单。

1. 抄写原文的内容；

2. 摘抄译文和解读；

3. 写学习心得和收获。

我分享自己写的一篇学习心得，作为示例。

【原文】

曾子曰："吾日三省吾身：为人谋而不忠乎？与朋友交而不信乎？传不习乎？"

【傅佩荣译文】

曾子说："我每天好几次这样省察自己：为别人办事，没有尽心尽力吗？与朋友来往，没有信守承诺吗？传授学生道理，没有印证练习吗？"

【弘丹学习心得】

这句话是孔子的学生曾子说的，曾子是孔子晚年弟子之一，是儒家学派的重要代表人物。以下是我的三条学习心得。

1.每日反省，写反思日记

这句话是拿来就可以用的，不断去践行，每天多次反思，对自己的成长会有非常大的帮助。我的每日日课打卡中，其中一项就是写反思日记。每天反思自己这一天的言谈举止，以及作的决定。**写反思日记，是**

放慢自己的思考过程。

那我们要反省什么？很多人写反思日记，但不知道反思什么。曾子这段话就可以给我们启发。曾子会从三个方面来反思："为别人办事，没有尽心尽力吗？与朋友来往，没有信守承诺吗？传授学生道理，没有印证练习吗？"

2.信守承诺，从小事做起

曾子反省的"与朋友交而不信乎"，是指与朋友来往，没有信守承诺吗。这一条对于我们来说，是有非常具体的行动指导意义的。

信守承诺，跟一个人的品行是息息相关的。信守承诺，不仅仅是对于重要的事情要信守承诺，对于日常小事也要信守承诺。做承诺的时候要谨慎，不要随意答应，答应了就要尽量做到。

"勿以恶小而为之，勿以善小而不为"，有些时候，小事情反而能反映出一个人的品行。要注意自己的一言一行，做一个知行合一的人。

3.写我所做，做我所写

曾子反省的"传不习乎？"是指传授学生道理，有没有印证练习。

作为内容创作人，要去反思，自己写下的内容，自己有没有做到？自己的行为跟写的内容是否一致？我们所写的内容都会影响他人，所以一定要有敬畏之心。写作并不难，写自己做到的事情比较难。

我们也要向曾子学习，从这三个方面每日多次反思，知行合一，不断践行。

以上就是我写学习心得的方式。

Tips

你在朗读经典作品时，也可以写自己的学习心得，用经典作品的思想精髓，来智慧地工作和生活。

📖 行动阅读法，读完书就去行动和践行

阅读是要带来改变的，我们要以终为始，阅读每一本书都要去践行，不管是改变思维，还是改变行为，至少是要有改变。

我在阅读时，对自己有一个要求：看完一本书，至少要去践行书中的一个方法或改变自己的一个思维。比如，阅读《把时间当作朋友》，我学会了每天记录自己的时间消费情况，这个习惯已经保持10年的时间。

书中介绍了"事件—时间"的记录方法，我就在印象笔记用这种方式记录每天的时间消费情况。每一天做了什么事，花了多长时间，我都非常清晰，也能更精准预估做一件事需要花费的时间。

我用清单体的写作方式，来介绍如何运用行动阅读法。

1. 找出书中颠覆认知的知识

我们在阅读一本书时，可以去找到那些反常识，或者是颠覆认知的知识点，然后问自己是否认同。如果认同的话，自己怎样改变思维，去运用新的认知。

比如"10分钟阅读法"，很多人认为读书是很耗时间的，而这本书却提出，只要有10分钟，就可以来读书。如果你认同这个观点，就要去想怎么抽出10分钟来阅读，比如吃完午饭后抽出10分钟来阅读，这就是一个小小的行动。

2. 找出书中的方法和步骤

很多实用类的书籍，都会详细介绍方法和步骤。我们这本书里就介绍了很多的方法，就写了详细的步骤。你可以把方法和步骤找出来，并思考自己如何去践行这些方法。比如找不同阅读法，根据详细的步骤，一本书至少制作10张知识卡片。

3. 列出行动清单，以及截止日期

在找出颠覆认知的知识和详细的方法和步骤后，我们就可以去列行动清单。就像前面提到的行动，去践行10分钟阅读，去制作10张知识卡片。

我们在列行动清单的时候，最好是能列截止日期，这样方便去查看这些行动有没有最终落地和完成。

4. 回顾和检查，看有没有做到

行动是要去追踪、回顾和检查的，要不然你只是写下了行动清单，但最后可能并没有去行动。所以，我们要结合截止日期，去监督自己完成行动清单。

行动阅读法，是我特别想要推荐给你的。看完一本书，一定要行动起来，只要你运用了书中的一个方法，看这本书就是非常有价值的。

我在每个阅读工具表中，都设计了**"我的行动清单"**的板块，就是为了倒逼大家去思考和行动。所以，行动阅读法可以跟前面讲到的四种创意阅读法相结合。我们可以设定一个最小的规则，每次阅读结束都要有一个最小的行动清单。那么，你看完这本书，你的最小行动是什么呢？

我在《时间的格局》里写过："唯有梦想值得让你焦虑，唯有行动才能解除你的焦虑。"行动就是优势，当你持续行动时，你就可以超越99%以上的人，成为1%的少数人。

这部分我分享了五个创意阅读的方法，并且设计了相应的工具表。这些阅读方法很容易践行。每次读完书，都可以填写工具表。

Tips

一年365天，每天至少阅读10分钟，每天践行一个小行动，一年后就会有巨大的成长和改变。

五大创意阅读法，让阅读变得有趣

1

10 分钟阅读法
1. 快速筛选阅读书籍
2. 看目录确定阅读页数
3. 定闹钟专注阅读10分钟
4. 用5分钟写收获和行动清单

10分钟

2

找不同阅读法
1. 找出书籍中的关键概念
2. 找出概念的定义和相关金句
3. 创建知识卡片

3

萃取阅读法
1. 萃取关键概念
2. 萃取核心观点
3. 萃取内容结构
4. 萃取金句

5

行动阅读法
1. 找出书中颠覆认知的知识
2. 找出书中的方法和步骤
3. 列出行动清单，以及截止日期
4. 回顾和检查，看有没有做到

1. 抄写原文的内容
2. 摘抄译文和解读
3. 写学习心得和收获

4

经典阅读法

2.3

阅读时间：从忙碌生活中，抽出时间阅读

很多人会抱怨说，自己太忙，没有时间阅读，这也是他们不读书的原因。我们每个成年人，都有不同的身份和角色。很多职场女性，白天要上班，晚上要照顾孩子。大家面临的一个现实问题是：没有时间读书，怎么办？

根据不同的阅读场景，我把阅读分为三种不同类型，分别是：沉浸式阅读、碎片化阅读、随时听书。在不同的场景下，可以采用不同的阅读方式。接下来，我会详细介绍每一种阅读方式。

📖 沉浸式阅读，抽出整块时间，专注阅读

我们越忙，越需要学习，越需要读书，因为不读书就会停留在低水平的重复。哈佛大学校长德里克·博克曾说："**如果你觉得学习的成本太高，请试试看无知的代价。**"

读书是最好的自我投资方式，不要用战术上的勤奋掩盖战略上的懒惰。读书，是战略上的勤奋，当你花时间读书，可能工作效率提升10倍。因此，读书是可以帮助我们节省很多时间的。

很多人抽不出时间来读书，是因为不够重视读书，没有把读书作为每日必做的事项。我每天会进行"每日日课"打卡，其中一项就是"每天

阅读15分钟"。我把阅读作为每日打卡的内容，就一定能找出时间来读书。

我们每个人一天都有24个小时，我们所说的没有时间去做某事，其实是我们选择不去做这件事。你把读书作为每日必做的事项，有了这种转变，怎么样都可以找到读书的时间。

很多人之所以没时间阅读，是没有把阅读当作重要的事情。我们每天都会浪费一些时间，把这些浪费的时间用来阅读，我们的阅读时间就足够了。

我们每周可以留出沉浸式阅读的时间。沉浸式阅读一般需要整块时间，以30分钟或者60分钟为一个单位。沉浸式阅读，排除外界干扰，注意力高度集中，很容易进入心流的状态。

早起阅读30—60分钟。如果你平常很难抽出时间阅读，就可以利用早起的时间来读书。早起半个小时到一个小时，利用这段时间来深度阅读。在阅读的时候，一定要给自己创造一个不受打扰的环境，手机静音，进行沉浸式阅读。我们有很多学员，早上5点多就起床阅读，然后再去上班。

下班后阅读30—60分钟。如果你早上没有时间阅读，也可以下班后阅读。我们可以专门预留阅读的时间，比如，晚上8点或9点，阅读30—60分钟。每天设置闹钟，到了那个时间点就进入阅读状态。在固定的时间、固定的地点，做同样的事情，更容易形成习惯。

周末时间，沉浸式阅读1个小时以上。如果工作日很忙，也可以在周末预留阅读的时间。周末两天，每天预留一个小时的阅读时间，一个月至少也可以阅读2—3本书。周末闲暇的午后，在阳光下，泡一杯茶，品读一本书，这是诗意的生活，也是忙碌工作一周后的休闲和放松。周末，也可以带着家人一起去图书馆，徜徉在书海里，专注地阅读。

有一个公式是：**专注力>时间>金钱。**我们的专注力是最宝贵的资源。很多人专注阅读10分钟都比较难。我们可以通过离线阅读，训练自己的专注力。

我自己沉浸式阅读时，都是离线阅读，手机静音，放在抽屉里，桌上只放一本书，专注阅读1个小时以上。很多人阅读的时候，不够专注，一会儿看一下手机，一会儿回复微信消息，阅读的效率不高，阅读效果也不太好。

为自己创造沉浸式阅读的环境。不管是阅读还是写作，我都是在专属的书桌上完成的。在同一个地点，做同样的事情，很容易就进入心流的状态。

如果有一间属于自己的书房是最好的，在阅读和写作的时候，就能不受打扰。如果没有，也可以在家里开辟一个读书角，每次进入这个读书角，就开始专注阅读。

我家里最多的东西就是书，有专门的书架，书桌上也都放满了书。我家3岁的孩子也有自己的书架，我会经常陪他阅读，周末有时候也会带他去图书馆。跟孩子一起读书，是特别棒的亲子时光。

📖 碎片化时间阅读，随时随地阅读

沉浸式阅读对时间的要求比较高。有些时候，我们很难抽出整块的时间。合理利用碎片化时间，我们可以随时随地阅读。在以下的这些场景，我们可以进行碎片化阅读。

通勤时间，比如地铁、公交上阅读。很多职场人的通勤时间是1—2个小时。很多人不知道应该干点什么，刷刷手机，时间就过去了。我们可以用这段时间来阅读，带纸质书阅读，或者用手机上的软件进行阅读，高效利用通勤时间。

我们尽量错峰出行，更早时间出门，在地铁没有那么挤的时候，可以坐在座位上读书。早早到达公司，可以提前规划工作内容，也可以在公司再看会儿书。

等人的时间，可以碎片化阅读。 我出门的时候，经常会带一本书，既可以在通勤的路上看书，还可以在等人的时候看书。有时候约定了时间，对方可能会迟到，如果我们干等着，不免会有一些焦躁。随身带一本书，如果对方还没到，我们就可以利用好这段时间。

查理·芒格跟别人约见，通常会提前半个小时到1个小时到，手里拿着一摞准备好的报纸翻阅。在飞机延误时，他也会拿出随身携带的书坐下来阅读。他说："**我手里只要有一本书，就不会觉得浪费时间。**"

睡觉前的阅读时间。 在睡前阅读，有助于睡眠。我们可以在卧室的床头柜放几本书，每次睡前就拿起书，阅读10—15分钟，形成习惯，成为睡前的仪式。每天睡前阅读10—15分钟，长期积累，也能阅读不少书，这就是聚沙成塔的过程。

Tips

碎片化阅读时，我们也要排除干扰，让自己更专注。碎片化阅读的时间一般都不太长，可以采用"10分钟阅读法"，让阅读效果更好。

📖 随时听书，吸收一本书的精华内容

我们也可以用听书的方式，来吸收一本书的精华内容。我在做家务、洗漱的时候，经常会听书。

听书可以是看书的前置。 不确定自己是否对这本书感兴趣，就可以先去听下这本书的讲书音频，再来确定是否要读这本书。听书，也可以

节省我们选书的时间。听书栏目上线的每本书，都是经过认真筛选的。如果你不知道怎么选书，就去听书平台，查看已经上线的书籍。

我们在听书的时候，也不要抱着随便听一听的心态，而是要去思考如何更加高效地听书。如果这本书听完收获特别大，你可以自己买书，进一步深度阅读。

我们可以去梳理听书的场景和时间。我自己经常在早、晚洗漱的时候听书，在跑步的时候听书，在做家务的时候也会听书。坐地铁、坐公交等通勤路上不方便看书的时候，我就会选择听书。我们在做一些不费脑力的事情时，就可以来听书。

我是"樊登读书"的老听众，很喜欢作者光临的栏目，可以听作者解读自己的书籍。比如金惟纯先生，当时在听的时候，感觉他的每一句话都讲到我的心坎里去了。听完之后，让我对生活有了很多新的体会。

作者说："愿力是修出来的，愿力是把生活中每一个不愿意转为愿意，这样不断地修就会有愿力。"小的事情不愿意做，大愿也就没有力量。如果你要发大愿，就要去做平常不愿意做的事情。

通过听书的方式，可以有更多的机会跟一本好书相遇。我们自己选书，是出于目前的认知和喜好选择，而听书经常会遇到不熟悉的书籍，甚至遇到完全没有想过自己会看的书。我们不仅可以听书，还可以自己写听书稿，具体我会在第五章详细介绍。

📖 每周阅读记录表，追踪阅读情况

我们可以记录每周的阅读情况，记录自己这一周阅读的书籍、听书的数量、自己的收获等，填写在"每周阅读记录表"里。

接下来，我用清单体的方式，来介绍如何填写每周阅读记录表。

1. 填写本周阅读数量和书名

在表格里填写这周的阅读数量、听书数量、输出数量。并且填写本周阅读书籍的书名、听书的书名，记录自己读过的书。

2. 填写本周阅读目标

在一周开始的时候，我们就要在表格里填写这周的阅读目标。在一周结束时，检查目标是否达成。如果没有达成，分析没有达成的原因是什么。

3. 填写阅读收获和输出内容

这周读完书和听完书，有哪些收获，我们可以在表格里填写自己的收获。这些收获不要去翻书，而是根据自己的记忆来填写。你能记住的，说明给你留下了深刻的印象。

我们也要去回顾这一周的输出内容，是否写过读书文章，是否做过直播讲书，是否在社群分享过等。

4. 填写行动清单

我们读书最重要的是去行动，所以，每周看完书，都要去列出行动清单，并且写下完成行动清单的截止日期，这样才能更好地追踪达成情况。

我们完成本周的阅读记录表后，可以拿出下周的空白表格，先规划下周的阅读目标和输出计划。提前做好计划，在下周全力以赴达成目标。

Tips

我们一定要每周记录自己的阅读情况，写下来更容易追踪和统计分析，也更容易达成每周的阅读目标。填写好后，再去检查有没有完成每周最小行动，如果完成了，就在年度目标的表格里打钩。

每周阅读记录表 第 8 周

姓名：弘丹　2022 年 2 月 21—27

阅读数量　1	听书数量　2	输出数量　3

阅读领域

☑学习　☑职业　□家庭　□心灵　□健康　□理财　□人脉　□休闲

本周阅读目标

1. 完成《跨越不可能》的深度阅读，周六在视频号直播讲书 2 小时

2. 听完 2 本书的听书音频，并输出行动清单

阅读书籍（书名）：《跨越不可能》　｜　听书书籍（书名）：《非暴力沟通》《心力》

阅读收获

1. 跨越不可能：动机 x 学习力 x 创造力 x 心流

2. 五种最强大的内在驱动力：好奇心、激情、使命感、自主性、掌控感

3. 坚毅力有六种不同类型的坚毅，对坚毅的理解更深入，培养自己的六种坚毅力

4. 获取知识的五个步骤：通读五本书，把自己当成白痴，探索空白，不断提问，找到叙事结构

5. 心流体验是包括四个阶段的循环过程：挣扎、放松、心流和恢复

我的行动清单

1. 在 2022 年，把《跨越不可能》这本书阅读 5 遍

2. 把《跨越不可能》分为四次直播，在视频号直播讲书，累计场观 1 万多人次以上

3. 制订创作者时间表，优化每日读书写作的时间表，进行每日日课打卡

自我认可和自我承诺

恭喜自己又完成了本周的阅读目标，超级优秀，相信下周也一定可以百分百完成目标

你是否遇到这样的问题：家里堆满了没拆封的书，依然在不断地囤书，却没有时间把书看完；读书总是读到一半就读不下去，把书扔在一边了；好不容易读完书，过几天就忘记了书里的内容。

如果你遇到这些阅读的问题，那么就一定要认真阅读这个章节的内容。这个章节我们会详细介绍三大阅读方法，帮助你打好自己的阅读基础，让你成为高效的阅读者。

三大高效阅读法，分别是：快速阅读法、深度阅读法和主题阅读法。快速阅读法提升阅读的广度，深度阅读法提升阅读的深度，主题阅读法提升阅读的高度。

我专门设计了"高效阅读法记录表"，这个表格可以作为第三章三种阅读法的工具表。每看完一本书，就填写一张表格。这些表格就是你阅读收获的见证和记录，也会让你的阅读成长有迹可寻。

第三章　■ Chapter 03

打好阅读基础：
如何掌握三大高效阅读方法

3.1
快速阅读法：60分钟读完一本书

很多人对快速阅读有误解，觉得快速阅读就是用很快的速度看书，只追求速度，而没有效果。其实，这是对快速阅读的一种误解。

快速阅读的目的，是概览全书，快速了解一本书的核心内容，抽离出一本书的骨架，对整本书有宏观上的了解和把握。

快速阅读，也是有方法和技巧的。通过快速阅读，可以快速了解一本书的概况，也可以快速提炼一本书的核心内容。

📖 快速阅读三大优势，快速了解一本书的全貌

当我们拿到一本书时，要先问自己几个问题：这本书是否值得阅读？我为什么要读这本书？这本书能带给我什么样的收获？正式阅读之前，先要解决这些问题。

我们绝不是拿到一本书就翻开来，从头到尾逐字逐句阅读，而是在阅读之前，就要花时间去判断和思考，并回答刚才提出的问题。

快速阅读有以下三个优势。

1.通过快速阅读，了解一本书的全貌

通过快速阅读，我们可以了解整本书的全貌，这本书的写作主题、

写作风格、总共几个章节、重点的章节是哪几章、作者的核心观点有哪些等。通过快速阅读，我们可以快速了解一本书的核心内容，并了解这本书的结构和框架。

2.通过快速阅读，判断这本书是否值得精读

在精读一本书之前，我们最好花30—60分钟，用快速阅读的方式，了解这本书的概况，判断这本书是否值得花时间认真阅读。如果值得精读，就用深度阅读的方式来认真研读。如果不值得精读，用快速阅读法就能掌握书中的核心内容。

3.通过快速阅读，提高阅读速度和阅读效率

通过刻意练习快速阅读，我们可以提高自己的阅读速度，用更短的时间、更快的速度读完一本书。而且还能用更加高效的方式，获取书籍的核心知识点，让阅读效果也更好。快速阅读还能锻炼自己的专注力，因为在快速阅读时，注意力要高度集中。专注力越强，阅读的效率就越高。

很多人会有疑问：什么情况下可以使用快速阅读这个技能？我们来简单介绍下快速阅读的四大使用场景。

1.选书时快速阅读概览全书

我们在挑选书籍时，可以使用快速阅读的方式，先快速阅读概览全书，判断这本书是什么类型的书籍，主要讲什么内容，是否值得买回家阅读。我们在实体书店买书，或者在图书馆借书时，特别适合使用快速阅读来筛选书籍。如果需要精读，我们再带回家阅读。

2.快速阅读一些简单和熟悉的书籍

并不是每本书都需要逐字逐句精读，有些书籍的内容比较简单，就可以用快速阅读的方式，不再需要精读。比如《微习惯》，我就是用快速阅读的方式阅读，就能掌握书籍的核心观点和方法。

有些熟悉领域的书籍，因为有知识储备和积累，也可以用快速阅读，看到熟悉的内容可以跳读，重点阅读陌生的、新鲜的内容。

3.搭配深度阅读和主题阅读

快速阅读搭配深度阅读和主题阅读，阅读效果会更好。在深度阅读一本书前，我们先用30分钟快速阅读这本书，了解这本书的概况，再设定阅读的目标，找出这本书的重点章节，合理安排阅读的进度。判断这本书的类型，比如，是实用类、历史类、哲学类书籍，还是小说类书籍等。

在主题阅读时，更需要快速阅读。主题阅读筛选书籍这个步骤，需要用快速阅读的方式，来筛选合适的书籍。主题阅读时，会集中阅读同一主题的书籍，进行比较阅读，也需要用到快速阅读的技巧。

4.回顾或复习时快速阅读

我们看完一本书，要时常复习下，而不是看完书就放在书架上，再也不看了。就像孔子说的："温故而知新，可以为师矣。"在回顾或者复习时，就可以用快速阅读的方式，因为书籍的内容我们已经比较熟悉。

Tips

快速阅读可以激发阅读的好奇心和热情，因为读书最难的是拿起书开始阅读。快速阅读，可以让阅读的门槛大幅下降，让我们觉得阅读没有那么难。即使只有30分钟，我们也可以读完一本书，也就更愿意来读书。

📖 快速阅读四大步骤，用60分钟读完一本书

接下来，我们详细来介绍快速阅读的步骤。我把快速阅读分为四个步骤，大致需要60分钟的时间。

第一步，5分钟包装阅读；

第二步，5分钟扫视阅读；

第三步，30分钟略读；

第四步，20分钟写读书收获。

接下来，我们详细介绍每个步骤，来说明如何进行快速阅读。可以用"高效阅读法记录表"，一边阅读，一边填写表格，帮助你更好地达成阅读目标。

1.快速阅读第一步，5分钟包装阅读法

我们拿到一本书，先要去看这本书的包装。有人会说，我为什么要花这5分钟呢，还不如直接开始看书。5分钟包装阅读法，可以让我们快速了解这本书的概况，设定明确的阅读目的。

我用清单体的写作方式，来介绍如何使用5分钟包装阅读法。

（1）阅读封面、封底、腰封等

重点看封面、封底、腰封、内封等内容，快速了解这本书的概况，判断这本书的类型，也了解作者的个人简介。

封面最重要的是书名，书名往往会展示书籍的核心主题。书名《微习惯》就是这本书最核心的一个关键词，整本书都是围绕这个关键词展开的。

再翻到书的背面，看下封底的内容。很多书的封底，是对这本书的推荐。通过阅读推荐语，可以了解这本书的优势，从一些新的视角来看这本书。还有一些书的封底，会写这本书的简介或者概述等，可以帮助我们快速地了解这本书。

接着，打开勒口看下作者简介。勒口一般是作者简介和书籍的概况介绍，可以了解作者的情况和书籍的核心内容。

（2）阅读前言和自序

一本书在正文开始之前，一般会有前言、自序或者推荐序，但不一定三个都有。作者或者推荐人，会详细介绍这本书的写作背景、核心内容，以及为什么要阅读这本书。

比如《微习惯》这本书，作者在自序里详细介绍了微习惯带给自己的改变。在"本书结构"的部分，详细介绍了这本书的七个章节，每个章节具体会讲哪些内容，核心的要点是什么。我们阅读这部分的内容，就可以提前了解每个章节的核心内容。

（3）重点阅读目录

目录是正文内容的提示和索引，相当于这本书的地图，提前告诉我们，这本书在什么地方会讲什么内容。通过阅读目录，我们提前了解正文内容的关键词，以及要探讨的问题。目录越详细，对于书籍正文内容的提示线索就越多。

通读目录，了解每个章节的内容。了解这本书会分为几个章节，每个章节的一级标题、二级标题、三级标题等。从宏观上了解这本书的核心内容，以及各个章节的具体安排。我们可以结合目录，推测下这本书作者重点讲述哪些内容，哪些章节是重要章节。

结合目录，制订阅读目标和阅读路径。每个人阅读一本书的目标是不一样的，每个人的阅读起点也是不一样的。在阅读目录时，要去制订自己的阅读目标，以及阅读的路径：重点阅读哪些章节的内容，略读哪些章节的内容等。

比如，《微习惯》这本书，我想要重点阅读的章节，就是第一章、第四章和第六章。这几个章节，就可以实现我阅读这本书的目标：了解什么是微习惯，微习惯的具体步骤和操作方法，以及运用微习惯的方式来培养一些好习惯。

通过5分钟的包装阅读法，我们清晰地了解了阅读目的、作者简介，以及重点阅读的章节。

2.快速阅读第二步，5分钟扫视阅读法

完成5分钟包装阅读，我们对这本书的整体概况和核心内容有了一定的了解。接下来，是不是开始逐字逐句地阅读正文内容呢？

且慢，在正式阅读之前，我们可以先花5分钟时间扫视下全书，快速了解下这本书具体在讲什么内容。**用2秒一页的速度扫视全书。**一本书大概200—300页，用2秒一页的速度扫视，需要6—10分钟的时间。扫视的目的，是快速了解这本书具体在讲什么，哪些内容是你感兴趣的，有哪些部分是你想要重点阅读的。**重点扫视加粗文字、配图、插画等内容。**大部分书都有章节名、大标题、小标题，还有加粗的文字，这些内容重点扫视，加深对加粗内容的理解。扫视书籍的配图或插画等，图形的内容更容易记住和理解。

比如，《读书变现》这本书，你在扫视的时候，可以重点看加粗的标题、金句、核心方法等，还可以看书籍的插图、表格等醒目的内容。

在扫视时，遇到自己特别有感触、想要重点阅读的内容，可以折页、画线、贴笺等。一些核心的关键词、新的概念，可以圈出。在略读时，可以重点阅读这些内容。

Tips ----------------------------------

通过5分钟扫视阅读，我们能大体了解作者的写作风格。比如，有些书的案例比较多，有些书的步骤和方法比较多，有些书的论述比较多，有些书配图和插画比较多……

通过扫视，我们可以提前了解哪些内容我们想要重点阅读，哪些内容是跳读，哪些内容暂时不阅读，可以提前作好规划和取舍。扫视翻阅整本书，我们在阅读时，就知道自己目前进展到哪一步了，读了多少内容，还剩多少内容，后面大概在讲什么内容。

扫视的时候，加粗的章节名、加粗的字体、配图插画等内容，就会印入我们脑海。在精读的时候，我们会有似曾相识的感觉，大脑更容易接受熟悉的内容。

3.快速阅读第三步，30分钟略读重点内容法

完成5分钟包装阅读和5分钟扫视阅读后，接下来就是略读重点内容。

略读，是用比较快的速度，围绕自己的阅读目标，有选择性地粗读。我们可以通读全书，也可以选择自己感兴趣的部分阅读，或者选择能解决自己问题的部分来阅读。我们用30分钟左右的时间，来略读重点的内容。

带着问题略读，达成阅读目的。在略读一本书时，我们要带着问题略读，更有针对性地从书中寻找答案。我们略读是为了达成自己的阅读目的，解决自己的问题。我列出了略读时的一些问题清单，可以作为参考。

略读时的问题清单。

1.为了达成我的阅读目标，我想要重点阅读哪几个章节的内容？

2.这本书的核心知识点分为哪几个部分，分别讲了什么？

3.这本书有哪些新的概念和关键词，至少选出12个关键词。

4.看完这本书，我的三点收获是什么？

5.这本书对我有什么帮助，有哪些内容我是立马可以运用的？

略读时，寻找主旨句、关键词和核心方法。在略读具体章节时，我们可以重点阅读加粗的地方、段落的开头和结尾等包含主旨句的部分。

书里的一些案例和故事，我们可以先跳过不读。在略读的时候，我们要寻找书籍的核心关键词、新的概念、新的方法等，先看重点的内容。

我们不用担心自己没有把整本书一口气读完，可以分多次阅读。每次阅读的目标不同，侧重点也有所不同。

用快速阅读法，我们可以透视一本书的框架。完成快速阅读后，如果你觉得这本书值得深度阅读，就可以进行精读。

4.快速阅读第四步：20分钟写读书收获

通过前面3个步骤，我们已经完成了一本书的快速阅读。最后一个步骤非常重要，看完之后一定要输出，来检验我们的阅读效果。

用20分钟复盘收获和写行动清单。对刚才的阅读过程，作一个总结复盘和梳理。输出这本书的思维导图，写一篇读后感，写一篇书评，或者语音输出收获，都是可以的。**一定要有输出的环节，把输入和输出形成一个闭环，阅读效果会更好。**

快速阅读四大步骤，60分钟读完一本书

1 5分钟包装阅读

1. 阅读封面、封底、腰封等
2. 阅读前言和自序
3. 重点阅读目录

5分钟

前言　目录

2 5分钟扫视阅读

1. 用2秒一页的速度扫视全书
2. 扫视加粗文字、配图、插画等

5分钟

加粗
配图

3 30分钟略读

问题

30分钟

核心方法
关键词　主旨句

1. 带着问题阅读，达成阅读目的
2. 略读时寻找主旨句、关键词和核心方法

4 20分钟写读书收获

20分钟

1. 输出复盘收获和行动清单
2. 完成高效阅读记录表

完成快速阅读后，填写以下高效阅读记录表，并去践行自己写下来的行动清单。我用清单体的方式，来介绍如何填写高效阅读记录表。

1. 填写阅读目的/解决什么问题

我们阅读每本书都要填写这本书的阅读目的，以及自己想要解决什么问题。在快速阅读的过程中，专注阅读能达成自己的阅读目的。

2. 填写作者简介

在书籍的内封一般都有作者简介，我们可以提炼关键信息，填写到表格里。

3. 填写重点阅读章节

我们结合目录，确定这次快速阅读自己想要重点阅读哪些章节的内容。结合阅读目的来确定重点章节。

4. 填写12个关键词

我们在快速阅读的时候，也要去找出书的核心关键词、陌生概念等。很多关键词我们可以在目录中找到。一本书至少找出12个关键词。

5. 填写核心观点

看完这本书，概括这本书的一些核心的观点。这些核心观点不一定是书的原文，你可以用自己的语言来概括核心观点。

6. 填写收获和行动清单

我们看完每本书，都要去填写收获和行动清单，并去践行书中的方法。比如，看完《微习惯》这本书，养成每天运动5分钟的微习惯。

我们每次读完一本书，都去填写这个表格，记录每本书的核心内容和自己的收获。我们经常回顾这些记录表，就是在复习自己读过的书，非常高效，而且还不容易忘记书的核心内容。

高效阅读法记录表

姓名：弘丹　日期：2021.9

| 阅读方法：快速阅读法 | 阅读时长：52 分钟 | 书名：《微习惯》 |

阅读领域

☑学习　□职业　□家庭　□心灵　□健康　□理财　□人脉　□休闲

阅读目的 / 解决什么问题

1. 了解什么是微习惯，以及如何运用微习惯来培养习惯
2. 掌握微习惯的具体步骤以及操作方法
3. 用微习惯的方式培养运动的习惯

作者简介

斯蒂芬·盖斯是个天生的懒虫，为了改变这一点，他研究各种习惯养成策略。

每天至少做 1 个俯卧撑，是他养成的第一个微习惯，两年后拥有梦想中的体格，写作的文章是过去的 4 倍，读的书是过去的 10 倍，微习惯成就了他

重点阅读章节

| 第一章　微习惯是什么 | 第四章　微习惯的策略 | 第六章　彻底改变只需八步 |

关键词：微习惯　自我管理　微步骤　大脑工作原理　前额皮层　激发动力　热情递减法则
意志力策略　微习惯策略　自我效能感　回报机制　记录与追踪

核心观点

1. 微习惯是一种非常微小的积极行为，你需要每天强迫自己完成它
2. 微习惯是基于"微步骤"，那些"小得不可思议的一小步"，比如，每天做 1 个俯卧撑，每天写 50 字等
3. 微习惯 + 意志力是必胜组合，微习惯几乎不会消耗意志力，自我损耗极少
4. 用微习惯彻底改变自己的八个步骤，以及微习惯策略的八大原则

收获和行动清单

1. 清晰了解微习惯的定义、步骤以及原则
2. 每年带领年度学员共读《微习惯》，用微习惯的方式，养成一些好习惯
3. 养成每天运动 5 分钟、阅读 5 页书、写作 50 字的微习惯

自我认可和自我承诺

恭喜自己又深度读完一本书，超级优秀，我要把我的收获分享给更多人

快速阅读法，不仅仅可以用来阅读书籍，我们平时在阅读邮件、资料等内容时，也可以用这样的方式。通过快速阅读，提炼内容的核心框架，或者通过快速阅读，确定阅读内容的优先级。我们的阅读时间有限，要先阅读重要的内容，再阅读次要的内容。

Tips

学会了快速阅读法，我们阅读一本书所花的时间会大幅下降，我们就有机会用同样的时间阅读更多书籍。

📖 提升阅读速度和理解力，读得又快又好

阅读是非常重要的一个技能，我们每天都在阅读，阅读也是我们输入信息的重要方式。阅读速度慢，会影响自己的工作效率。阅读理解能力差，也会影响我们的工作效果。

那么，我们如何提升自己的阅读速度？下面给大家介绍提升阅读速度的三个方法。

第一个方法，大量阅读，增加知识储备

如果你想要提升阅读速度，先堆量，进行大量阅读。阅读的数量上去了，你的阅读速度也会大幅提升。

在大量阅读的过程中，从易到难，先读简单的、感兴趣的书籍，再逐步提升阅读难度。如果一开始就阅读难的书，会产生沮丧的情绪，很容易放弃。

有很多同学的阅读速度，是从读小说锻炼出来的。小说因为有故事、有悬念，能吸引读者迫不及待地、连续地阅读。很多读者都可以用一两个小时就读完一本小说。

第二个方法，刻意练习，提升阅读速度

阅读速度也是可以刻意练习的，改掉一些阅读的坏习惯，刻意锻炼自己的阅读速度，你的阅读速度就会越来越快。

减少默读的习惯。如果你阅读时用嘴巴默读，那么你的阅读速度会受到默读的影响，阅读速度比较慢。你可以把手指放到自己的嘴巴上，检测阅读时嘴唇是否动。如果嘴唇动了，说明你在用嘴巴默读。

用嘴巴默读的习惯是一定要改掉的。每次阅读把手指放到嘴唇上，监测自己的默读情况，让自己的嘴唇保持不动。一开始可能会不习惯，多练习几遍就习惯了。提升阅读速度，你可以阅读一些相关的书籍，比如克里斯蒂安·格吕宁的《快速阅读》。

第三个方法，提升自己的理解力，不同的内容用不同的速度阅读

不是所有的内容，都用一样的阅读速度。简单的内容加快速度，复杂的内容放慢速度。根据不同的内容，调整相应的速度。

有一些内容，比如，大师级的书籍、经典的书籍，理解起来有一定的难度，我们就可以用慢一点的阅读速度，深度思考，直到真正读懂。

有一些内容，你已经完全理解了，或者在其他书里看过类似的观点，就可以用比较快的速度阅读。书中无关紧要的内容，也可以快速阅读。

我们提升阅读速度的目的，并不是一直都用比较快的速度来阅读，而是不同难度的书籍用不同的速度来阅读。同一本书里不同难度的内容，用不同的速度来阅读。

Tips

除了提升阅读速度，提升自己的理解力也很重要。我们不仅仅是要看完书籍的内容，最重要的是要看懂书籍的内容。我们想要的是阅读速度越来越快，同时对内容的吸收也越来越好，也就是读得又快又好。

3.2
深度阅读法：以教为学，真正读懂一本书

很多人阅读的时候，会面临的一个问题是，读书记不住，看完就忘。深度阅读的方法，可以帮助你解决这个问题。

深度阅读法，是对书籍进行文本细读，真正读懂和读透一本书，把书籍的知识内化为自己的知识。

在介绍深度阅读的步骤前，先跟大家介绍一个非常高效的学习方法，就是费曼学习法。

📖 费曼学习法，以教为学，输出倒逼输入

费曼学习法由诺贝尔物理学奖得主理查德·费曼提出，是一种"以教为学"的学习方式。检验你是否真正掌握一个知识，就看你是否能用通俗易懂的语言，把复杂深奥的知识讲清楚。

费曼学习法能提高你对知识的吸收效率，让你真正理解并运用知识。输出倒逼输入，以教为学，是费曼学习法的核心理念，也是我的阅读核心方法。

阅读这件事，我一直没有刻意去做，但每年都能读不少书。第一是用输出倒逼输入的方式。要保持长期大量地写作，就必须不断地输入。

第二是以教为学。从2016年做付费的线上社群到现在，我每年做读书与写作的分享100多场，累计分享了1000多场。大量的分享和讲课，必须有大量的输入。

如果你觉得保持阅读习惯很难，那建议你开始写作，当你养成写作的习惯，你肯定能培养阅读的习惯。跟写作相比，阅读简直是一种享受。

先来简单介绍下费曼学习法的步骤。

第一步，确定学习目标。选择你要学习的概念，拿出一张白纸，把概念的名称写在白纸的顶部。

第二步，教学。想象你是一位老师，你要把这个概念讲给一个完全不懂这个概念的新生。

第三步，当你遇到疑惑或者问题，回去查相应的参考资料或者教程，直到你真正弄懂为止。

第四步，简化描述，或创建一个类比，用简单直白的语言来解释概念，让别人更容易理解。

这就是费曼学习法的核心步骤。在学习一个新知识时，想象自己要把这个知识教给别人，自己会怎么来讲。在阅读的时候，一定要倒逼自己输出，以教为学，提升学习的吸收率。

深度阅读法就是结合费曼学习法的阅读方式。接下来，我详细介绍如何进行深度阅读。

📖 深度阅读有五大步骤，让你真正读懂一本书

深度阅读，是我们读书变现的基础，不管是写读书类的文章，还是做短视频、直播讲书，前提条件都是要先把这本书读懂。

接下来，我们详细介绍下深度阅读的五个步骤。

第一步，设定深度阅读的目标和提出问题

我们阅读每一本书，都要去思考阅读的目标是什么，并且提出相应的问题，带着问题去阅读。这也是费曼学习法的核心，要确定学习目标，以及要教别人什么。

在深度阅读前，特别建议大家先用快速阅读的方式，把这本书概览一遍，对整本书有宏观的了解，梳理书籍的框架和结构，列出重要的章节。

完成快速阅读后，我们就要去思考和提问。比如，这本书的中心思想是什么？作者要解决的问题是什么？这本书的核心内容有哪些，在哪几个章节？这本书的论点是什么，论据是什么？

每一本书都有自己的使命，我们在深度阅读时，要找到这本书的使命，找到作者要解决的问题，并找到解决方案。我每次读一本书，都是带着目标的，因为我读完书后，要在视频号直播讲书，输出倒逼输入，我必须去思考我的阅读目标。

大家在深度阅读的时候，也可以定一个输出目标，比如，读完书要写一篇读后感文章，或写一篇书评文章，做一场直播等。

我总结了深度阅读一本书时的参考问题。我们可以带着这些问题去深度阅读，去书里寻找答案，这样我们在阅读的时候也会更加专注。

1.这本书是什么类型的书籍？

2.作者写这本书，是要解决什么问题？

3.这本书的作者是谁，做出了哪些成绩？

4.如果要用一句话概括这本书的核心内容，怎么概括？

5.这本书讲了几个核心知识点，分别是什么？

6.这本书讲了哪些陌生的知识点，是你之前所不知道的？

7.这本书讲了哪些反常识的知识点，跟你之前的认知是不同的？

第二步，逐字逐句，深度阅读文本内容

接下来，我们就可以逐字逐句地阅读这本书。深度阅读的过程，是我们跟作者在思想上交锋的过程，一边阅读，一边提问，一边在书中寻找答案。这个过程，我们要寻找书中的关键词、陌生的知识点，找出书籍的主旨句，找出作者的核心观点，并且找到相应的论据和案例来证明核心观点。

我们可以一边阅读，一边做笔记，比如，画出主旨句、核心概念、核心方法等。重点内容还可以折页，在后面输出的时候，我们可以立马找到这些素材。

第三步，输出思维导图或读书收获

逐字逐句阅读完书籍后，我们要做一些输出。输出可以检查我们读书的效果。

很多时候，我们觉得自己读书的收获很大，但一下笔，发现什么都不记得了，或者自己的理解并没有那么透彻。

我们可以通过思维导图等方式，来检查自己对这本书的理解程度。用思维导图的方式来呈现，可以倒逼自己去梳理这本书的逻辑。

同时，也要去写自己的收获和行动清单。我们读完每本书，至少要写3点收获和3个行动清单。

第四步，写读书类文章，或做直播讲书，教给别人

费曼学习法的第二步就是教学，要把自己学到的教给别人，尤其是教给完全没有看过这本书的人。教给别人有不同的形式，我们可以写文章教别人，也可以直播讲书教给别人。

写文章的方式，可以写读后感、拆解稿、听书稿、领读稿等，通过文字的方式教给别人。也可以用直播讲书、讲课、聊天等方式，通过讲解教会别人。比如，我们看完一本书，可以给我们的孩子讲书。樊登老

师就有分享，他在录制讲书视频前，会先讲一遍给他的儿子听。

当你意识到自己看完书，就要去教给别人时，你看书的效率就会更高，对书籍内容的理解会更深入，记忆也会更深。

第五步，回顾检查和查漏补缺

费曼学习法的第三步，是当你遇到疑惑或者问题时，回去查相应的参考资料或者教程，直到你真正弄懂为止。

当你在写书籍相关的文章，或者是直播讲书的时候，遇到疑惑，理解不透彻，或者讲不清楚的时候，就可以重新回到书中，回顾检查和查漏补缺，直到你真正读懂这本书。

然后，你可以用简洁清晰的语言来概括这本书的核心内容，就像费曼学习法的第四步，用简单直白的语言来解释，让别人更容易理解。

最后一步，我们也要批判式阅读，是否赞同作者的观点，哪些观点赞同，哪些观点不赞同？也要去回顾下第一步设定的阅读目标，看是否达成自己的阅读目标。

深度阅读一本书时，至少要阅读三遍。第一遍，快速阅读，先对这本书有大体的了解。第二遍，逐字逐句阅读这本书。第三遍，快速翻阅，查漏补缺，整体回顾书籍内容。

Tips

深度阅读的工具表，也是小册子里的"高效阅读法记录表"。快来根据表格的内容，填写深度阅读的阅读收获和行动清单吧。

深度阅读五大步骤，真正读懂一本书

1 设定深度阅读的目标和提出问题

2 逐字逐句深度阅读文本内容

3 输出思维导图或读书收获

4 写读书类文章，或做直播讲书，教给别人

5 回顾检查和查漏补缺

📖 文本细读五步法，10倍提升阅读效果

深度阅读的五步法中，第二步逐字逐句深度阅读文本内容是关键。所以我重点讲下如何逐字逐句阅读，我把这种方式称为"文本细读法"。

文本细读，就是对书籍文本内容进行逐字逐句的认真阅读，深度理解文本的内容，并内化为自己的知识。

如何提升对文本的理解，我总结了文本细读五步法。

第一，梳理文本内容的逻辑框架或思维导图，理解内容的布局。

第二，找出段落的主旨句。主旨句一般在段落的开头或者结尾。

第三，找出新的概念，理解这些概念，提炼书籍里的关键概念。

第四，找出典型的案例或者论据。作者用什么样的案例或论据来证明观点。

第五，找出方法和详细步骤。作者介绍了一种新的方法，这种方法的详细步骤是什么。

通过这五个步骤，我们可以提升对文本内容的理解，真正读懂文本的内容。

我们以这本书的第三章的内容作为深度阅读的文本，来详细讲解下如何进行深度阅读。

第一步，用思维导图的方式，来梳理文本的逻辑框架

我们在进行深度阅读时，最重要的是要梳理文本内容的逻辑框架，把握这部分内容的核心。我喜欢用思维导图的方式，来梳理文本的逻辑框架。我用"幕布"这个工具来做思维导图。

我们在梳理思维导图时，可以把整本书的知识结构用一张思维导图

呈现。也可以每个章节做一张思维导图，或每个小节做一张思维导图等。

比如，我把《精进写作》的核心内容用一张思维导图呈现。《精进写作》的目录写得非常详细，我直接以目录作为这本书的思维导图。

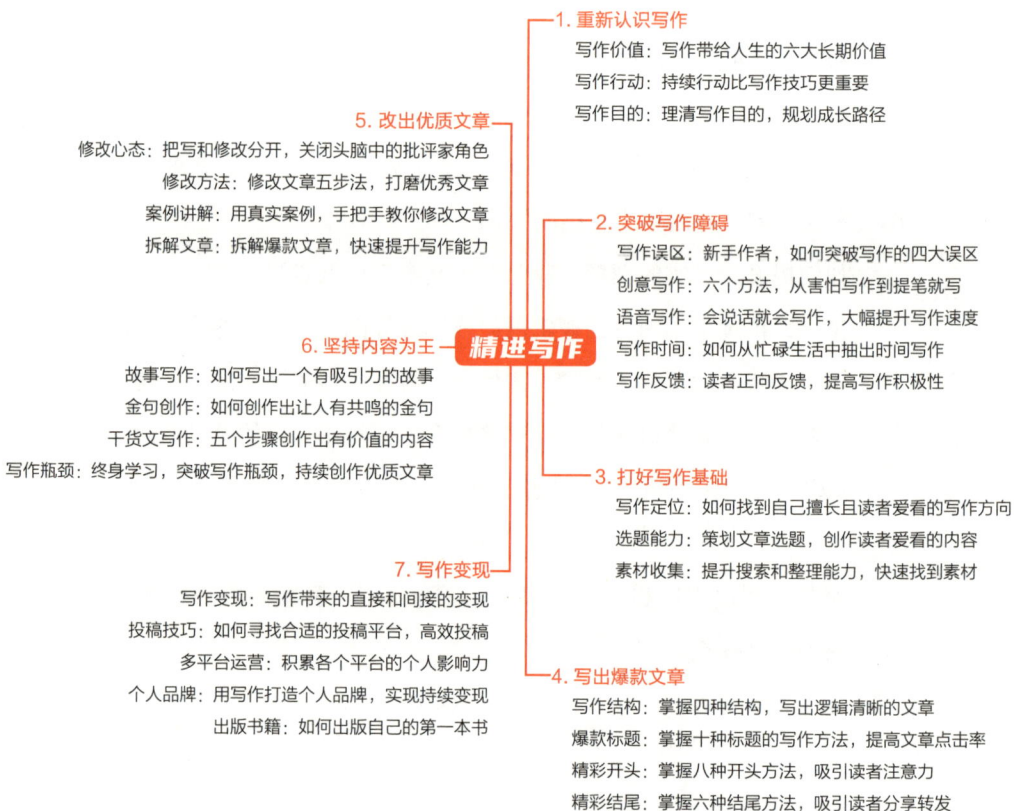

精进写作

1. 重新认识写作
写作价值：写作带给人生的六大长期价值
写作行动：持续行动比写作技巧更重要
写作目的：理清写作目的，规划成长路径

2. 突破写作障碍
写作误区：新手作者，如何突破写作的四大误区
创意写作：六个方法，从害怕写作到提笔就写
语音写作：会说话就会写作，大幅提升写作速度
写作时间：如何从忙碌生活中抽出时间写作
写作反馈：读者正向反馈，提高写作积极性

3. 打好写作基础
写作定位：如何找到自己擅长且读者爱看的写作方向
选题能力：策划文章选题，创作读者爱看的内容
素材收集：提升搜索和整理能力，快速找到素材

4. 写出爆款文章
写作结构：掌握四种结构，写出逻辑清晰的文章
爆款标题：掌握十种标题的写作方法，提高文章点击率
精彩开头：掌握八种开头方法，吸引读者注意力
精彩结尾：掌握六种结尾方法，吸引读者分享转发

5. 改出优质文章
修改心态：把写和修改分开，关闭头脑中的批评家角色
修改方法：修改文章五步法，打磨优秀文章
案例讲解：用真实案例，手把手教你修改文章
拆解文章：拆解爆款文章，快速提升写作能力

6. 坚持内容为王
故事写作：如何写出一个有吸引力的故事
金句创作：如何创作出让人有共鸣的金句
干货文写作：五个步骤创作出有价值的内容
写作瓶颈：终身学习，突破写作瓶颈，持续创作优质文章

7. 写作变现
写作变现：写作带来的直接和间接的变现
投稿技巧：如何寻找合适的投稿平台，高效投稿
多平台运营：积累各个平台的个人影响力
个人品牌：用写作打造个人品牌，实现持续变现
出版书籍：如何出版自己的第一本书

我也比较喜欢一个章节用一张思维导图呈现，可以写得比较详细。也特别建议大家可以用思维导图的方式，梳理《读书变现》每个章节的逻辑框架和核心知识点，你会对这本书有更深的理解。

我把第三章的内容用思维导图的方式进行了梳理，作为一个示范。大家也可以给这本书的每个章节做一张思维导图。

高效阅读法

快速阅读

三大优势
- 了解一本书的全貌
- 判断这本书是否值得精读
- 提高阅读速度和阅读效率

四大使用场景
- 选书时快速阅读概览全书
- 快速阅读简单和熟悉书籍
- 搭配深度阅读和主题阅读
- 回顾或复习时快速阅读

快速阅读四步法
- 第一步，5 分钟包装阅读法
- 第二步，5 分钟扫视阅读法
- 第三步，30 分钟略读法
- 第四步，20 分钟书写读书收获

提升阅读速度和理解力
- 大量阅读，增加知识储备
- 刻意练习，提升阅读速度
- 提升理解力，不同内容用不同速度

深度阅读

费曼学习法，以教为学
- 确定学习目标，选择要学习的概念
- 教学，教给完全不懂的新生
- 遇到疑惑或问题，回去查阅资料
- 用简单直白的语言解释概念

深度阅读五步法
- 设定阅读目标和提出问题
- 逐字逐句，深度阅读文本内容
- 输出思维导图或读书收获
- 写读书类文章或直播讲书，教给别人
- 回顾检查和查漏补缺

文本细读五步法
- 梳理文本逻辑框架或思维导图
- 找出内容的主旨句
- 找出新的概念并解释概念
- 找出典型案例或论据
- 找出方法和详细步骤

主题阅读

主题阅读三大优势
- 快速入门某个领域
- 搭建知识体系
- 进行自学，从小白进行到专家

主题阅读六步法
- 确定主题和阅读目标
- 确定主题阅读的书单
- 用快速阅读法通读书单中的书籍
- 深度阅读重点书籍和重点章节
- 输出读书报告或主题文章
- 行动践行和主题分享教给别人

选书的标准
- 豆瓣评分 7 分以上
- 经典书籍，多次再版，名著等
- 畅销书榜单的书籍

第二步，找出这段内容的主旨句

在很多书籍中，为了方便读者理解，作者会把核心的内容提炼出来，用小标题、加粗等形式放在显目的地方，帮助读者理解这段内容的核心思想。

我的这本书也是如此，重点的内容都用小标题和加粗的方式进行了标注。大家在阅读书籍的时候，一眼就可以看到这本书的核心内容和重点内容。

所谓主旨句，就是能概括这段话的中心思想的句子。寻找主旨句的时候，可以先从段落的小标题开始寻找，然后去段落的开头和结尾等地方寻找主旨句。很多时候，作者会把主旨句放在开头，开门见山地点出这部分内容的主旨，或者是放在结尾，总结概括这部分内容的核心思想。

我们以"文本细读法"这一小节的内容为例，来说明怎么寻找内容的主旨句。

首先，这段内容的加粗小标题是：**文本细读五步法，10倍提升阅读效果**，这是这段文字的中心思想。接着，你可以找到加粗的主旨句：**如何提升对文本的理解，我总结了文本细读五步法**。这是这段文字的主旨句。这段文字，核心就是介绍文本细读五步法，来提升对文本的理解。然后，你可以看到每一个步骤都是加粗的文字，每一步都是用"观点+案例"的方式来写。

很多书籍，都是用这样的写作方式，主旨句用加粗的方式凸显，或者是放在开头或结尾，让读者一眼就看到。然后用"观点+案例"的方式，举例子详细来解释观点，讲述详细步骤。我们在做思维导图时，也需要用到提炼主旨句和关键信息的能力。

第三步，找出新的概念，并且解释这些概念

在第二章创意阅读法的"找不同阅读法"中，我详细介绍了要关注陌生的概念，找到关键概念。

我们在深度阅读时，也要重点阅读这段文本的陌生概念，并且把关键词圈出来，细细品味关键词，解释这些关键概念。

以"深度阅读法"这个小节的内容为例，你能找出哪些新概念呢？比如，深度阅读法、费曼学习法、文本细读等，这些都是新概念。我都详细解释了这些概念。

深度阅读法：是对书籍进行文本细读，真正读懂和读透一本书，把书籍的知识内化为自己的知识。

费曼学习法：由诺贝尔物理学奖得主理查德·费曼提出，是一种"以教为学"的学习方式。

文本细读法：对书籍文本内容进行逐字逐句的认真阅读，深度理解文本的内容，并内化为自己的知识。

找出这些新的概念，可以制作知识卡片，未来复习和写文章的时候可以用到。

第四步，作者用什么样的案例或论据来证明观点

在写文章的时候，我们会提炼出自己的核心观点，每一个核心观点，都是需要用具体的例子或论据来证明观点的。

比如《高效能人士的七个习惯》，作者提出观点**"刺激和回应之间有选择的自由"**，作者就用维克多·弗兰克尔的例子来证明自己的观点，不管处于多么糟糕的环境中，我们都有选择的自由。

比如，在介绍费曼学习法时，我举了自己的例子，我是如何通过"输出倒逼输入，以教为学"的方式来提升阅读和写作能力的。让大家看到费曼学习法是有效的，大家去运用也会有非常多的收获。

第五步，作者介绍了一种新的方法，这个方法的详细步骤是什么

很多实用类的书籍会详细介绍方法，以及操作步骤。在深度阅读时，要去提炼这些方法，并去践行，内化为自己的行动步骤。

在这一章介绍的快速阅读、深度阅读、主题阅读，我都介绍了详细的步骤，还举了案例来讲解如何操作。大家一定要去践行，拿一本书来根据步骤进行实操，这样才能把这些方法变成你的阅读技能。

Tips --

你可以用文本细读的方式来认真阅读书籍，相信你会有非常大的收获，你的阅读效率也会成倍提升。

3.3
主题阅读法：按主题阅读，搭建知识体系

很多人是随机阅读，今天读这个领域的书，明天又读另一个领域的书。看到这个名人推荐的书，赶紧下单，又看到另一个名人的推荐，又下单。

买了很多书，也读了很多书，但不成系统，没有去总结和归纳，形成知识体系。**缺乏结构，一百万粒沙子，也无法组成金字塔。**所以，我们要进行主题阅读，搭建自己的知识体系。

主题阅读法，指的是在某一段时间，集中大量阅读某一个领域或主题的书籍，进行深度阅读和比较阅读。

主题阅读可以分为两类，第一类是结合某个主题进行阅读，第二类是专门研究某个作者的书籍。

第一类主题阅读，比如阅读写作、学习方法、儿童学习力等领域的书。第二类主题阅读，比如专门阅读彼得·德鲁克所写的管理学方面的书籍，阅读张爱玲的全部小说，阅读蔡志忠老师的诸子百家漫画等。

主题阅读是效果最好的阅读方法，可以把前面讲到的快速阅读、深度阅读等技能都综合起来运用。

📖 主题阅读的三大优势，从小白到专家

主题阅读是最好的自我精进的武器，通过阅读自学各个领域的内容，我们不仅可以实现跨界，还可以实现技能的迁移，让自己成为多个领域的专家。

如果你想要在某个领域从小白变成专家，除了在工作中不断践行和实战，主题阅读也可以成为加速器。不断阅读专业相关的内容，尤其是高水平和有难度的内容，能够有效地提升自己的能力。

我先生是一位程序员，我们家里有很多跟编程、算法相关的书籍。他喜欢看专业类书籍，因此在自己的专业领域获得公司领导和同事的好评，是公司的技术专家。他还出版了一本计算机类的书籍，在公司也会录制一些编程相关的专业课程，给同事做一些技术培训。

我们一定要努力成为自己细分领域的专家，而不仅仅只是干好一份工作。成为专家，就会有更多的选择权，就像俗语说的**"家有万贯，不如一技在手"**。

我总结了主题阅读的三大优势。

第一，通过主题阅读，快速入门某个领域

当你想要快速了解某个细分领域时，比较快捷的方式是做一个主题阅读。

通过筛选书单，找出这个领域里从入门、进阶到精通的不同书籍，从易到难做一次主题阅读。这样，你就能快速了解这个领域，并且还能了解不同阶段需要掌握的能力等。

第二，通过主题阅读，搭建知识体系

当你对某个领域感兴趣，或者想在自己的专业领域里搭建知识体系，就可以进行主题阅读。

通过主题阅读，可以系统化输入某个领域的知识，同时，也可以系统化输出某个领域的知识。我们可以通过做主题阅读，围绕这个主题，输出系列的文章，或者出版相应的书籍。

第三，通过主题阅读，进行自学，从小白进化到专家

自学能力是终身成长者的必备能力。从学校毕业后，不可能像在学生时代，有不同学科的老师给我们教授知识，因此自学能力就非常重要。我们想要学习什么，靠自学能力都能自己学会。

2015年，我跨界从零开始写作，我是通过主题阅读学会写作的。我通过阅读不同的写作书籍，学会不同的写作方法，并不断写文章践行书中的方法。我一边阅读，一边实践，就学会了写作。

进入职场之后，我们不要放弃阅读。相反，应该多阅读与本职工作相关的专业类书籍，提升自己的专业能力和素养，在工作岗位中，会表现得更加出色。

主题阅读对于我们持续成长的人来说非常重要。我特别建议大家每年至少要进行一次主题阅读，或者进行多个主题的阅读。

我们的写作社群，会每年给年度学员组织主题阅读的活动，带着大家一起进行主题阅读。从书单筛选，到制订阅读计划，到完成自己的主题阅读，输出系列文章，带着大家一起完成这一系列的动作。

📖 主题阅读六大步骤，搭建知识体系

主题阅读是综合性的阅读方法，结合快速阅读、深度阅读、比较阅读等阅读技巧，来达成自己的阅读目标。

主题阅读，结合我们在前面讲到的费曼学习法，阅读的效果会更好。

我们可以一边进行主题阅读，一边以教为学，通过持续阅读，不断践行和分享，成为某个领域的专家。

接下来，我们来详细介绍主题阅读的六大步骤。

第一步，确定主题和阅读目标

每一次主题阅读，都要确定主题阅读的领域，以及本次主题阅读的目标。这也是费曼学习法的第一步，确定自己的学习目标，以及要教别人什么。

主题阅读是比较花时间和精力的阅读方法，一定要提前思考自己要达成的阅读目标。比如，做写作类的主题阅读，阅读目标是了解不同的写作文体，以及掌握不同的写作方法。

第二步，确定主题阅读的书单

确定好领域之后，根据主题列出书单，从多个渠道去搜索、寻找书单。通过网络搜索，在豆瓣、当当、京东等平台根据关键词搜索来确定书单。也可以通过名人推荐，比如樊登老师推荐的书籍来确定书单。

在筛选书籍时，要先大体浏览下书籍的简介和内容，判断书籍与主题的关系，选择跟主题强相关的书籍，跟主题无关的书籍，即使内容很好，也要舍弃。因为我们是在做主题阅读，一定是要选跟主题相关的书籍。

主题阅读确定书单的方法。确定主题阅读的领域，选择5—8本书籍，进行主题阅读。这5—8本书可以这样安排：1—2本入门级书籍，2—3本中等难度书籍，2—3本经典书籍。如果是要长期在某个领域深耕，可以增加阅读的数量，比如阅读20—50本专业类的书籍等。

主题阅读的书单选择，也可以参考《跨越不可能》作者讲到的方法。作者说，每次接触一个新课题时，他会挑选5本这个主题的书籍，通读一遍。

第1本是你能找到的关于这个话题最流行、最畅销的书。第2本是选择一本同样很受欢迎，但通常更专业、与主题相关性更强的书。第3本是选择一个关于这个主题的半技术性读物。第4本是关于这个主题的真正深奥的专业书。第5本是关于这个主题未来的发展方向的书籍。

通常，第4本书是最难读的，因为是专业和深奥的；第5本书是最难理解的，因为是关于未来的，是最前沿的信息。当你做主题阅读时，也可以用这样的方式来筛选书籍。

当你阅读了某个领域的20—50本书，并且不断践行，总结经验，你在这个领域里就可以积累一定的专业知识和技能，成为这个领域的专家。

第三步，用快速阅读法，通读书单中的书籍

在进行深度阅读之前，我们可以先用快速阅读的方式通读书单里的书籍，并判断这本书是否要深度阅读，同时找出每本书的重点章节，后续可以进行深度阅读。

用快速阅读的方式，我们可以初步了解这个主题下的书籍的核心内容，对这个主题也会有初步的入门级的了解。在做快速阅读时，也要一边阅读，一边提问，梳理该主题的问题清单，以及知识框架。

第四步，深度阅读重点书籍的重点章节

通过第三步的快速阅读，我们已经筛选出了重点阅读的书籍和章节，接下来就是要进行深度阅读了。

在深度阅读的过程中，我们可以根据文本细读的五个步骤，认真阅读重点书籍和章节。我们可以一本书一本书地阅读，也可以几本书一起阅读。

在阅读的过程中，还可以进行比较阅读，找出不同书籍里的相同点和不同的观点。每本书读完，可以做一个思维导图，概括书籍的核心知识点。

第五步，搭建知识体系，输出读书报告或主题文章

完成深度阅读后，我们就要进行输出了。通过输出倒逼输入，检验自己对阅读内容的掌握程度。

我们可以从重点书籍以及章节中列出一系列关键词，搭建该主题的核心框架和知识体系；也可以列出问题清单，从书中找到答案或解决方案，然后梳理和总结，做一个读书报告。

我们也可以输出一系列的主题文章，给每本书写一篇书评。然后再写一些主题性的文章，把自己做的主题阅读，通过写作的方式进行输出。

第六步，践行和主题分享，教给别人

我们做主题阅读，不仅仅是提升在这个领域里的专业知识，更重要的是，要结合学到的方法，实战和践行。

结合主题阅读的收获，列出自己的行动清单，并且要在工作和生活中，去践行这些方法。你也可以进行一次主题分享，或者以直播讲书的形式做一次主题汇报。或者结合主题阅读，设计一个课程或者一节课，把总结出来的方法分享给更多人，同时也可以带着更多人一起去实战和践行。

Tips --

完成主题阅读后，根据关键词、问题清单、主题阅读书籍的目录等，搭建这个细分领域的知识框架。我们不是要搭建这个领域的完整知识框架，是结合这次主题阅读的书籍内容，初步搭建一个框架，可以在之后阅读和实践的过程中不断完善。

主题阅读的这六个步骤，我们不断刻意练习，长期坚持，内化为自己的主题阅读的固定流程。融会贯通后，可以结合自己的阅读目的，进行改编和完善。

在一个领域里深耕，不是一年两年的事情，需要很多年的积累，所以这六个步骤要不断地循环，让自己在专业领域里深深扎根，不断做出成绩，积累影响力。

主题阅读六大步骤，搭建知识体系

1 确定主题和阅读目标

2 确定主题阅读的书单

3 用快速阅读法通读书单中的书籍

4 深度阅读重点书籍的重点章节

5 搭建知识体系，输出读书报告或主题文章

6 践行和主题分享，教给别人

主题阅读的工具表，也是小册子里的"高效阅读法记录表"，根据表格的内容，填写主题阅读的阅读收获和行动清单。在"书名"的这个栏目，可以填写主题阅读筛选出来的书单，在"重点阅读章节"栏目，可以填写你重点阅读的书籍，以及分别重点阅读哪几个章节。

以下是我做的一次与写作相关的主题阅读，大家做完主题阅读，也可以在表格里填写和记录。

高效阅读法记录表

姓名：弘丹　日期：2016.3

阅读方法：主题阅读	阅读时长：3周

阅读领域

☑学习　☑职业　□家庭　□心灵　□健康　□理财　□人脉　□休闲

书名

《成为作家》《当我谈跑步时，我谈些什么》《月亮和六便士》
《学会学习》《30天写小说》《文心》

阅读目的 / 解决什么问题

1. 学习不同的写作方法，了解不同作家的写作方式和独家经验
2. 结合书籍里的方法，去践行提升自己的写作能力
3. 输出一篇跟写作相关的书单文章，发布在各大平台

作者简介

这6本书的作者分别是：多萝西娅·布兰德、村上春树、毛姆、斋藤孝、克里斯·巴蒂、夏丏尊和叶圣陶

重点阅读章节

这6本书都是自己精挑细选出来的，每本书都做了深度阅读，逐字逐句进行阅读，并总结不同的阅读方法

（续表）

关键词

自信心　毫不费劲写作　才华　集中力　内心召唤　外界屏蔽法　体能强化法　直觉

小说创作协议　截止日期　触发　修辞

核心观点

1. 一个人能否进行文学创作，首先不是技巧上的问题，而是认识上的问题

2. 写作确实存在一种神奇的魔力，而且这种魔力是可以传授的

3. 作家的性格有两个方面，一方面敏感和童真，另一方面成熟、没有偏见、温和及公正

4. 毫不费劲写作的方法，早起半个小时或一个小时，不要说话，不要读报纸，立即开始写作

5. 小说家应该具备三个重要的资质：才华、集中力、耐力

6. 斯蒂芬·金的"外界屏蔽法"：关上门，与外界隔绝，不完成目标，绝不离开书房

7. 阻碍人们实现文学创作梦想的并不是缺乏天赋，而是缺乏截止日期的压力

8. 人生的每一个阶段都有着独属于这个阶段的热情、困惑和精力，而它们对小说创作都各有价值

9. 读书贵有新得，作文贵有新味。最重要的是触发的功夫

收获和行动清单

1. 通过阅读《成为作家》，建立了写作自信心，并学会了毫不费劲的写作方法，一直在践行

2. 读完《30天写小说》这本书，用30天的时间写了10万多字的小说，并组织了"30天写小说"活动

3. 运用斯蒂芬·金的"外界屏蔽法"，写作时在一个独立不受打扰的空间，集中注意力写作

4. 读完这六本书，每一本书都分别写了一篇读后感文章，发布在简书上

5. 写了一篇书单文章《如果你想提高写作能力，我推荐这6本书》，发布在简书上，阅读量46万

自我认可和自我承诺

恭喜自己又深度读完一本书，超级优秀，我要把我的收获分享给更多人

📖 如何筛选好书，以及选书标准

选书是主题阅读的重要步骤。阅读最大的成本，不是买这本书花费的金钱，而是阅读这本书所花费的时间。我们要用有限的时间阅读好书，获得更多的收获和成长。所以，选到一本好书至关重要。

关于好书的定义有很多，我们可以根据一些评判标准，做初步的筛选。我总结了选书的三个原则，可以作为选书时的参考。

第一，豆瓣评分7分以上的书

买书前，我一般会去看下豆瓣评分，作为一个参考指标，来初步评判一本书的阅读价值。我一般会选择评分7分以上的书籍。我们也可以参考微信读书的好评度，重点阅读推荐值超过60%的书籍。

有一些书，内容很好，但评分没有达到7分，也可以阅读。核心还是看书籍的内容，评分只是作为一个参考指标。在看评分时，我也会顺便看下其他读者写的书评，对这本书的内容有大致的了解，再决定是否要看这本书。

第二，经典的，多次再版，名著等有影响力的书籍

经典的书籍，是可以穿越时空的。我们每年都要阅读一些经典的书籍，一边阅读，一边朗读或背诵。经典的书籍，会给我们很多精神的滋养。我们在选书的时候，也可以多选择一些经典的书籍来阅读。

我们还可以选择多次再版的书籍来阅读。多次再版的书籍，说明书籍内容经得起市场的考验，质量一般都不错。比如《高效能人士的七个习惯》《非暴力沟通》《沟通的艺术》等书籍。

我们也可以看一些名著和获奖的文学作品等。名著是经过时间筛选流传下来的作品。阅读名著，不仅可以提升我们的文学修养，滋养我们的心灵，还可以学习名著的遣词造句和写作方法，提升自己的写作能力。

第三，畅销书榜单的书籍

我们可以阅读一些畅销书榜单上评分不错的书籍。比如，一些外文引进的图书，经常会写上榜《纽约时报》、亚马逊畅销书排行榜等，来说明这本书比较畅销。

我们也可以去了解不同的畅销书榜单，挑选自己感兴趣的书籍，然后去了解评分以及书评内容，再决定自己是否要阅读这本书。

比如诺贝尔文学奖获奖作品、亚马逊推荐的100本好书、年度榜单、最受关注图书榜、当当图书排行榜等。浏览这些排行榜，可以找到一些我们认知之外的书籍，如果刚好我们也比较感兴趣，就可以放到自己的阅读书单里。

樊登老师在《读懂一本书》里，公开了他的选书标准，就是TIPS原则。

T（Tool）是工具。"樊登读书"讲的大部分书，是能提炼出工具性的内容。

I（Ideas）是新的理念。图书的作者能带来一些新的理念、新的发现、新的想法。

P（Practicability）是实用性。书籍能够给读者的生活带来改变，可以应用在日常生活中。

S（Scientificity）是科学性，不是凭空捏造，不是简单归纳，是经历了科学性的验证过程。

我们平常选书时，可以去思考是否符合TIPS选书原则。在进行主题阅读或平常读书时，可以根据以上介绍的这些原则来筛选书籍。

我结合弘丹早起读书会上线的书籍，给大家梳理了人生八大领域的

书单，总共是100本书。

　　这个书单，大家可以收藏起来，就不用自己花时间去找了。当你不知道读哪本书时，就可以从书单里选择书籍来阅读。主题阅读人生八大领域的书籍，可以让这八大领域都变得越来越好，让你活出幸福而平衡的人生。

　　因为书单比较长，大家可以扫码关注"弘丹在写作"公众号，并回复关键词"100本书单"，领取这个书单。

微信扫码，回复"100本书单"
获取人生八大领域的100本书单

04

写读书文章变现：
如何写出优质读后感书评书单

扫描二维码，关注公众号
输入"书评文章"，获取
书评文章案例

在前面的三个章节，我们详细介绍了读书的方法。第四章到第八章，我会重点跟你介绍读书变现的方法，让你读过的书发挥出10倍的价值。**读书是一种输入，而变现是需要输出的。**通过"**读书+**"的模式，你也可以实现读书变现。

读书+写作，通过读书吸收一本书的精华内容，通过写书籍相关的文章，总结提炼精华内容，实现读书变现。

读书+听书稿，通过读透一本书，把精华内容解读给读者听，实现读书变现。

读书+直播，通过读书提炼一本书的核心内容，通过直播讲书，分享给更多人，实现直播变现。

读书+社群，通过读书会聚一群爱读书的人，创建读书社群，通过运营读书社群实现读书社群变现。

读书+个人品牌，通过读书打造个人品牌，成为读书博主，实现个人品牌变现。

读书可以结合的技能有很多，接下来，我会挑选常见的读书变现的方式，详细分享具体的方法。

4.1
读书变现：读书带来的五大变现方式

读书变现的方式有很多，我总结了读书变现五大方式，让读书带给你更大的价值。

第一，写读书稿带来的稿费收入

我们写读书类的文章，如果写得比较优秀，符合平台的上稿要求，上稿后都是可以获得稿费的。

我在读书一段时间之后，就实现了读书变现。2016年，我就给平台写领读稿。比如，跟慈怀读书会合作，写了《围城》的领读稿，不仅文章发到公众号，还获得了不错的稿费。2017年给一书一课、有书等平台写听书稿，每个月都会写好几篇听书稿，实现了稿费过万的目标。

我们有不少学员通过写读书稿获得稿费，成为各大平台的读书稿作者。比如，十点读书、一书一课、慈怀读书会、方太幸福家、Kindle电子书库等。优秀的作者成为平台的签约作者，与平台长期合作，每月给平台供稿，获得稳定的稿费收入。甚至有不少学员，通过写读书稿获得的稿费收入，比本职工作的工资还高。

Tips

如果你喜欢读书，把你读过的书写成读书稿，既可以倒逼自己读书，还可以获得稿费的收入，个人品牌的曝光，是一举多得的事情。

第二，运营各个平台的读书账号带来的收益

一方面，我们可以通过写读书稿投稿获得稿费收入；另一方面，我强烈建议你去运营自己的读书账号。

我们可以在各个平台上开设自己的账号。如果喜欢读书，可以运营读书账号。有很多读书账号，都做得非常不错，比如十点读书、慈怀读书会等，积累了大量的粉丝。对我们来说，做一个百万级粉丝的读书账号是有难度的。但我们可以不断积累，努力做成几万粉丝的账号。比如，我们的年度会员徐小胖，他在简书有5.5万多的粉丝。

我们运营各个平台的读书账号，如果运营不错，会有广告分成等收益，文章植入软文也会带来收益。当你的账号做出影响力，粉丝的数量越来越大后，间接变现的方式有很多，而且带来的收益会更大。如果你未来要出书，有各个平台的粉丝积累，跟编辑聊出书合作时，也是非常重要的加分项。

第三，推广书籍和读书课程等的佣金

推广书籍获得佣金，也是读书变现的方式之一。推荐书籍有多种形式，比如在你的读书类文章里植入书籍的购买链接，如果有读者通过你的链接购买，你就可以获得相应的佣金。

也可以通过朋友圈、社群、直播等方式推荐书籍，获得佣金。我们身边肯定有很多爱读书的人，你读完一本书，自己收获很大，顺手再推荐给爱读书的朋友，还帮助他们减少选书的时间，是双赢的事情。

除了推荐书籍获得佣金，我们也可以推荐一些读书课程获得佣金。我自己就在朋友圈里推荐过一些读书相关的课程，有不少人通过我的推荐购买课程，我就会获得相应的推荐佣金。我的学员推荐我的读书课程，他们也会获得相应的推荐奖励金。

第四，开设付费读书训练营或年度读书社群

我们也可以开设自己的读书训练营，或者是年度读书社群，带领一群人跟我们一起读书。

我从2017年开设听书稿写作训练营，累计开设20多期。我也开设了年度读书写作社群，我们不仅带着大家写作，也带着大家每年深度阅读24本书。

我身边也有一些爱读书的朋友开设了自己的读书训练营，不仅倒逼自己读书，还带领一群人一起读书，同时自己还能获得收入，是多赢的事情。

如果你喜欢读书，就可以通过做读书训练营的形式，影响更多人一起来读书，你自己也可以实现读书变现。

第五，读书主播，通过直播及多种商业模式实现变现

成为读书主播，也是读书变现的方式。人们已经越来越习惯通过直播下单买东西。各大平台也都有读书主播，通过直播向用户推荐优质书籍，用户可以直接在直播间下单买书。

我是2020年躬身入局视频号直播，成为读书博主，累计直播200多场。我的很多学员都是直接在我的直播间下单购买课程。2022年4月18—24日，在世界读书日期间，我做了连续7天的直播，每天直播4小时，前3场就达成了30多万元的营收，其中一场直播突破了12万元的营收。

当你的用户越来越多，做出影响力后，会有多种形式的商业模式，都能带来变现。比如电商变现，很多平台都支持开通电商，插入商品购买链接或者是电商的小程序等实现变现。

读书除了带来直接变现，也会带来很多间接变现的价值。 读书是我们每一个终身成长者的必备技能，读书带给我们的改变是非常大的。

第一，读书提升职场竞争力

你遇到的任何问题，都可以在书里找到解决方案。我们在职场中，需要的很多技能，都可以通过读书的方式学会。

职场中那些脱颖而出、快速晋升的人，都在背后付出了很多努力，然后才能惊艳其他同事。自己学到的知识和硬本领，是谁都拿不走的，这会给我们带来职场的底气和自信。

当你变成一个更优秀的人，机会自然就会降临。热爱阅读、写作能力强的人，更容易在职场中脱颖而出，拥有更强的职场竞争力。

第二，读书链接优质人脉

通过读书，也可以链接优质的人脉。有些时候，一些优质的人脉，带给我们的改变是巨大的。

我们有很多的学员，看完书之后，会写书评，发布到各大平台。有不少学员，通过这样的方式，链接到了书籍的作者。而且他们写的书评，也会被出版社看见，甚至被某些大平台转载，扩大曝光量和影响力。

我还有学员，因为一本书遇见了自己的另一半。他们共同在一个读书社群里学习，然后相识、相知、相恋。女孩从原来的城市辞职，去了男生的城市。如今已经结婚生子，孩子一岁多。

女生是我们写作社群的学员，在北京的线下活动，她跟我们分享了这个故事，让我看到一本书带来的缘分。

第三，成为图书编辑或做读书相关的工作

如果你特别喜欢读书，也可以做读书相关的工作。我现在做的就是读书相关的工作，读书是我工作非常重要的一部分。我每周会读书、分享、直播讲书、讲课等，读书是我源源不断的灵感来源。

我有朋友，学的是工科专业，因为特别喜欢读书，运营自己的自媒体账号，同时通过读书链接了很多出版社的编辑，后来自己转行成为编辑，把读书变成了自己的工作。

跟读书直接相关的工作有很多，比如图书编辑、读书主播、出版社工作人员、图书相关的电商部门等。

还有很多工作是跟读书间接相关的，比如，成为新媒体作者、新媒体小编、课程研发者等，凡是需要输出自己观点的，都需要大量阅读，都要跟书打交道。

我们还可以通过读书打造个人品牌，扩大个人影响力。有了个人品牌和影响力之后，变现的方式就比较多。在第八章我会详细介绍个人品牌变现的方式。

4.2

写书籍文章六步法，阅读写作形成闭环

写跟书籍相关的文章，虽然不同的文体，写作的风格有所不同，但写作的流程是类似的。主要分为两大部分：第一部分是阅读，可以运用我们在前面章节介绍的阅读方法；第二部分是写作，可以结合我在《精进写作》《从零开始学写作》书籍里介绍的写作方法。

写书籍相关的文章，把阅读和写作形成一个闭环，输入输出相结合，可以让阅读变得更有效率，让写作变得更简单。写书籍相关的文章，可以分为六个步骤。

第一步，快速阅读，找出重点章节

选好书籍后，第一步是快速阅读，找出重点章节，以及标记重点的内容。筛选出重点章节和内容，深度阅读的时候重点阅读。通过快速阅读，对整本书有大致的了解，掌握核心的观点和内容。

第二步，深度阅读，提炼核心内容

要写书籍相关的文章，一定要先把书读懂和读透。把整本书通读一遍，重点章节精读几遍，提炼总结核心内容。可以一边阅读，一边标记核心观点、案例和素材，方便后面写文章时使用。

第三步，构思大纲或思维导图

读完书后，就可以开始构思文章的大纲或思维导图。写读后感、书评和书单等文章，构思写作的大纲。写听书稿或者拆解稿，就需要写思

维导图。

写好大纲或思维导图后，要先发给编辑审核，确认写作主题和写作方向，编辑也会给作者一些修改建议，通过编辑的审核，再写文章。

第四步，提炼精华内容，撰写初稿

大纲或思维导图确定后，接下来就是写初稿了。写初稿的时候，可以一鼓作气，集中注意力，先把全稿写好。写初稿的时候，不用管写得好不好，逻辑是否通顺，先把文章写下来，先完成再完美。

第五步，反复修改，并定稿

写完初稿后，一定要多修改几遍。很多人喜欢写初稿，却不喜欢修改。写初稿的时候，很容易进入心流状态，写作会带来愉悦感。修改文章有时会觉得痛苦，因为要一边评判自己的文字，一边修改。好文章都是改出来的，一定要有耐心，多修改几遍自己的文章。写好后可以多朗读几遍，看是否通顺。

第六步，提交给编辑，结合编辑建议修改发布

自己修改好文章后，就可以发给编辑了。编辑审阅稿子，会给一些修改建议。根据编辑的修改建议，再修改自己的文章。把最终的定稿发给编辑，编辑会排版和发布。

修改文章比写初稿更重要，有些时候，你修改完文章，发现跟初稿已经完全不一样了。就像《读书变现》这本书，我修改了20遍，最终的定稿和初稿的内容相差巨大。

以上就是写跟书籍相关文章的六步法。我们写跟书籍相关的文章，都可以按照这六步法来写。

写书籍文章六步法，
阅读写作形成闭环

重点

核心：

1 快速阅读，找出重点章节

2 深度阅读，提炼核心内容

3 构思大纲或思维导图

4 提炼精华内容，撰写初稿

精进写作

5 反复修改，并定稿

6 提交给编辑，结合编辑建议修改发布

4.3
读后感写作四步法，写出有吸引力的读后感

　　阅读和写作，是不可分割的。读得多了，就想通过写作来表达自己的想法和观点；写得多了，就需要不断阅读，来补充自己的知识储备，不断输入产生新的灵感。**任何一个写作者，都不可能脱离阅读，靠单纯的写作，就能取得成功。**

　　写读后感是一个非常好的方式，因为有书籍作为素材来源，不用担心没东西可写，而且优秀的文章也可以成为各大平台的上稿文章。

　　有些小伙伴会说，自己也会写读后感文章，但文章阅读量不高，没有多少人阅读、点赞和评论。

Tips

　　写读后感也是有技巧的，写读后感跟写一篇新媒体的文章要求是一样的。我在《精进写作》的第四章"写出爆款文章"里讲到的方法，都可以用到读后感写作上。

📖 四个步骤，写出有吸引力的读后感

　　我们如何才能写出一篇有吸引力的读后感呢？我总结了四步法写出

有吸引力的读后感。

第一步，选择一个合适的写作主题

一本书有几百页，我们在写读后感的时候，不可能通过几千字的文章，囊括书籍所有的内容。所以就需要我们选择一个特定的主题，根据主题来选择相应的观点和素材。

我们在选择写作主题时，有以下两种方法。

1. 结合核心内容来确定主题

我们可以结合书籍的核心内容来确定读后感的主题。

比如，《30天写小说》这本书，主要讲的是如何用30天的时间完成一部小说的撰写。围绕书籍的核心内容，我写的读后感文章是《如何用30天写出人生第一本10万字小说？》。结合书籍的核心内容，以及我的实战经验，跟读者分享我是如何做到的。

2. 结合最打动你的内容来确定主题

村上春树《当我谈跑步时，我谈些什么》这本书聊了很多话题，我在写读后感的时候，问了自己一个问题："这本书对我帮助最大的一点是什么？"

根据这个问题的回答，我找到了读后感的写作主题，那就是"跟村上春树学习写作"，这跟我的写作定位也非常符合。村上春树在写作领域取得很多成就，跟他学习写作，对读者而言，也是有吸引力的。

再举个例子，读后感文章《真正的自律，是为自己的人生负责》，作者选择的写作主题，是自律这个话题，来解读柳比歇夫奇特的一生。

根据刚才介绍的两种方法，你可以从一本书中选择合适的写作主题，来写一篇读后感。

第二步，根据主题筛选合适的素材

确定主题之后，我们需要筛选合适的写作素材来论证观点。读后感的素材主要来源于两个部分。

1. 从书籍中筛选合适的素材

我们可以筛选书中的一些素材、观点、案例等，来作为读后感的写作素材。

以刚讲到的村上春树的这篇文章为例，我确定了写作主题后，筛选了书中跟写作相关的素材。比如，村上春树为什么会开始写小说？他的第一部小说是在怎样的情况下完成的？村上春树认为小说家或者写作者应该具备哪些资质？筛选这些素材，作为文章的核心素材。

2. 从自己的故事或通过搜索筛选素材

我们在写读后感文章的时候，也要拓展写作的素材，不能整篇文章全部都是书中的素材，要融入更丰富的素材。我们可以从自己的故事或经验中筛选素材，或者通过搜索挑选合适的素材，也可以结合热点来筛选素材等。

以文章《真正的自律，是为自己的人生负责》为例来说明。这篇文章除了讲柳比歇夫的自律故事，还讲了埃隆·马斯克的故事，来证明"这世界上有所成就的人，几乎都是在目标的指引下，保持自律，不断向前"。还讲了心理学上的洛克定律，当目标既是未来指向的，又是富有挑战性的时候，便是最有效的。还举了生活中的一些例子，比如我们熟悉的健身的例子。

这篇文章结合柳比歇夫的自律故事，再结合几个书本之外的素材来说明自律的重要性，整篇文章的素材就非常丰富了。

第三步，融入自己对书籍的解读

写读后感要融入自己的理解，而不是摘抄书中的观点，或只是阐述作者讲了什么。

要结合自己的亲身经历来写读后感。这样的读后感，才能引起读者

的共鸣。比如，我写的读后感文章《关于写作的各种困惑，答案都在这本书里》。写这篇文章时，我不仅是从书中寻找答案，也会加入我自己的写作经历。这篇文章的阅读量也很不错，在简书有5万多的阅读量，3000多点赞，400多评论。

要融入自己的独特观点来写读后感。写读后感，要尽量写得有用、有趣，可以结合书中的观点举几个例子，或者写自己的故事，增加文章的趣味性，贴近读者的生活，解决读者的问题。

第四步，要取个有吸引力的标题

标题对于读后感文章也是非常重要的，切记不要用书籍的名称代替文章的标题。有不少作者，在写读后感时，文章的标题就直接是《×××读后感》，这样的标题是没有吸引力的。

一个有吸引力的标题，才能吸引更多读者来点击阅读。读后感的文章，本质上就是一篇新媒体的文章，新媒体写作的方法都是适用读后感写作的。

可以采用"书名+观点"的形式，作为读后感文章的标题。比如《〈理智与情感〉：懂得克制，才是人间清醒》《〈小王子〉：学会享受孤独，是人一生的修行》《〈你当像鸟飞往你的山〉：与自己和解，才是人生最好的治愈》等。

不写书名，运用爆款标题的技巧取标题。比如：《不懂框架思维，你的成长都是瞎折腾》，是《论强者》这本书的读后感。《如果能活到100岁，我们该如何度过？》，是《百岁人生》这本书的读后感。

四个步骤,写出有吸引力的读后感

选择主题

1

选择一个合适的写作主题

1. 结合核心内容来确定主题
2. 结合最打动你的点来确定主题

简书　小红书

知乎　du

2

根据主题筛选合适的素材

1. 从书籍中筛选素材
2. 从自己的故事或通过搜索等筛选素材

亲身经历、独特观点

3

融入自己对书籍的解读

1. 结合自己的亲身经历来写
2. 融入自己的独特观点来写

标题、+观点、

4

要取个有吸引力的标题

1. 采用"书名+观点"的形式
2. 不写书名,运用爆款标题的技巧取题目

📖 结合样稿，讲解如何写读后感文章

想要提升写作能力，拆解能力是非常重要的。尤其是想要实现上稿的目标，一定要先去拆解优秀的已上稿的文章，这样可以更清楚地了解平台的写作要求。

我挑选了学员苏莉写的一篇文章，结合读后感的写作方法，做了一些批注，带着大家一起来拆解。这篇文章上稿了樊登读书的公众号，阅读量有1.3万人次之多。

这篇读后感的篇幅比较长，我截取了读后感的开篇第一个小标题的内容，以及结尾作为示例。如果大家要看这篇文章的全稿以及我的详细批注，可以扫码，回复关键词"优秀读后感"来获取。

扫码回复"优秀读后感"
获取读后感全文和详细批注

《斯坦福大学人生设计课》：三种方法，教你打造出一个自己的专属未来

文章的标题采用：书名+观点的形式。
标题采用了"数字法"，一看标题就觉得文章干货满满。

作者：苏莉

畅销书《精进写作》的作者弘丹老师，于2020年辞职了。

但她一点都不慌，因为她已经出版了三本书，还打造了弘丹写作成长社群，帮助上万人爱上读书写作，实现了自己的人生愿景。

这是她一步步打造出来的自己的专属未来，而她在达到这个理想目标之前，是一名外企职员，和我们一样，需要朝九晚五地辛勤工作。

但她并没有满足于之前的生活，反而通过下班后的业余时间，坚持不懈地在写作方面努力深耕，才有了如今的成就。

用"故事引入法"开头，特别有吸引力。
很多读者都喜欢看故事，用故事的方式吸引读者阅读。
同时，用弘丹的故事，引出文章的主题"设计出专属于自己的理想人生"。

我们也可以像她一样，为我们自己，设计出专属于自己的理想人生。

《斯坦福大学人生设计课》这本书告诉我们：

承上启下的句子，点明文章的主题：设计出专属于自己的理想人生。

人生不可能被完美规划。但我们可以像设计师一样思考，利用设计思维的模式，找到自己的生活目标，创造出更多的可能性，大胆尝试，这样才有可能与我们理想中的命运相遇。

这本书是由两位苹果公司前员工比尔·博内特

提炼这本书的核心观点，以及这篇文章的主题思想。

和戴夫·伊万斯共同撰写的，他们在斯坦福大学所开设的人生设计课，成为学院里最受欢迎的课程。

为了影响更多人，他们让这本充满指导意义的书成功问世。本书会从实际出发，帮助你创造出充满无限可能的梦想人生。

> 用两段话，介绍这本书作者的背景情况。

01　接受现实，从现状开始创造未来

> 文章的第一个核心观点：接受现实，从现状开始创造未来。

还记得那位36岁从收费站下岗的大姐吗？她哭诉说自己除了收费，什么都不会。

还记得甲骨文公司那次著名的裁员事件吗？员工们被裁后都找不到工作，因为平时不注重自我升值，被公司最终养废了。

> 这两段内容，用了两个热点事件作为写作素材，来引出第一个核心观点的内容。

那他们以后怎么办呢？很简单，分析现状，重新出发，去计划未来的人生。

> 这一段话是承上启下的作用，热点事件和核心观点之间的衔接。

人生设计的起点，是接受现状，从当下的位置开始创造自己的未来。

书中告诉我们，可以先从健康、工作、娱乐和爱这四方面来评估一下自己的现状。

作者把这四方面画成了汽车仪表盘的样子，每一项都有刻度，我们可以在图上给自己的现状去打分，更加直观地了解自己的现状。

> 结合书籍里的核心观点和素材，作为这部分内容的核心写作素材。

在人生的不同阶段，我们对这四方面的关注度是不一样的。

比如，一个刚毕业的年轻人可能更专注于工作，一位退休老人可能更专注于健康。

通过画出这样一个仪表盘，我们能很清晰地看到自己目前在哪些方面存在不足，在哪些方面又投入了过多的精力。

仪表盘会帮助我们认真评估现状，找到自己应该去调整的方向。

02 学会复盘，找到人生兴趣点
......

文章的第二个核心观点：学会复盘，找到人生兴趣点。

03 头脑风暴，畅想人生多样性
......

文章的第三个核心观点：头脑风暴，畅想人生多样性。

04 写在最后

最后结尾的总结和升华。

车尔尼雪夫斯基曾说过："未来是光明而美丽的，爱它吧，向它突进，为它工作，迎接它，尽可能地使它成为现实吧！"

引用金句的方式，来作为结尾，升华文章的主题思想。

从现在开始，去计划与创造属于自己的未来，打造出无限可能的人生。

呼吁读者的行动，激发读者的行动力。

弘丹拆解和点评

写读后感文章时，要先确定文章的写作主题。文章的主题可以是书籍中的核心观点，或者是核心方法，选择一个小的切入点来写。比如，这篇文章的主题是：三种方法，教你打造出一个自己的专属未来。确定好写作主题后，作者结合书籍的内容，筛选了三个核心的观点，这也是新媒体写作的常见结构，用3个小标题的形式，来提炼文章的分论点。

01 接受现实，从现状开始创造未来

02 学会复盘，找到人生兴趣点

03 头脑风暴，畅想人生多样性

我们在写读后感文章时，也可以提炼3—4个核心的观点，作为文章的小标题。

然后结合这三个小标题，从书籍中的素材，或者自己的素材库里，或者是网络搜索，挑选素材，来论证核心观点。

这篇文章的写作素材比较丰富，除了书籍的素材，还有作者自己的经历、身边人的故事、网络搜索的素材、热点新闻的素材等，通过丰富的素材来论证观点。如果你不知道怎么写读后感文章，就可以参考这篇文章的写作方法。

Tips --

写读后感的时候，要有读者思维，站在读者的角度来写，不要只是写自己感兴趣的内容，要思考你输出的内容对读者有什么帮助。

4.4
书评写作六步法，写出高质量的书评

我们看完一本书，不仅可以写读后感的文章，也可以写书评文章。

读后感的内容主要是自己读完这本书后的感想，是围绕自己的感想和收获来写的。书评是围绕书籍的主要内容来写的，比如，这本书的作者是谁，这本书主要讲了什么内容，有哪些是重点讲述的内容等。

学会写书评，不仅可以让自己吃透一本书，提升写作水平，还能赚取稿费，现在各大平台都在寻找书评人。

弘丹写作社群就跟不同的出版社合作，出版社会给作者赠送最新出版的书籍，作者看完书输出一篇书评，发布到各个平台上。积极写书评的学员，几个月时间就收到了价值上千元的几十本书，实现了"看书自由"。

优秀的书评，还会获得稿费的奖励，或者是赠书奖励。学员萌橦、悠秀等写的书评，都获得过第一名的稿费奖励。学员一道一道的书评，多次获得100—200元的赠书奖励等。写了多篇书评文章后，还可以获得弘丹写作社群和出版社联合颁发的"优秀书评人"的荣誉证书。我们有上百位学员获得了这个证书。

在书评合作群，大家写书评的积极性非常高，经常是刚发出领书的需求，名额就被抢光了。作者免费领到书后，要在截止日期前完成书评。有句话叫"截止日期是最大的生产力"。很多人因为截止日期，看书和写书评的效率得到了很大提升。

📖 六个步骤，写出优秀的书评文章

那么如何来写书评文章呢？我总结了书评写作六步法。

第一，开头引入主题

开头要引起读者的阅读兴趣，引入这本书的主题。引入主题可以采用以下方式：故事法、案例法、亲身经历法、提问法、名人名言法等。常用讲故事或者亲身经历的方式，来吸引读者的兴趣，或者用提问的方式，引发读者的思考，来引入主题。

第二，一段话概括全书

引入主题后，我们用一段话概括这本书的核心内容，这本书主要讲了什么内容，核心观点是什么。概括全书的精华，是为了让读者对这本书有整体的了解。

第三，一段话介绍作者

用一段话简单介绍作者的概况。作者是谁，在专业领域有什么建树，有什么经历等。还可以介绍下这本书的评分，以及读者对这本书的评价。通过介绍作者概况，让读者了解这本书的作者及其专业能力。

第四，提炼三个小标题，讲解三个核心观点

一本书有十几万字，写书评时，很难面面俱到，不可能把整本书的所有观点都呈现在文章里。由于篇幅的限制，我们写作时重点阐述三个核心的观点或者方法，切忌贪多求全。每一个观点要展开阐述，要把观点讲透。在讲述观点时，可以举一些例子。讲述方法时，可以具体讲述如何使用这些方法。

通过你的讲述，让没有读过这本书的读者掌握这三个核心的观点，并且能够将书中介绍的方法运用于自己的实际生活。

第五，简单讲述自己的感悟和收获

讲完书中的三个核心观点之后，我们可以简单讲述自己的收获和感悟。内容篇幅不要太多，不要写成读后感文章。在结尾部分，我们对文章作一个简短的总结和概述，用金句或者名人名言结尾。

第六，取一个有吸引力的标题

文章写完之后，取一个有吸引力的标题。写书评文章的时候，不能只是简单的《×××书评》，这样的标题是不够有吸引力的。

书评的标题，可以用"书名+观点"的方式来取有吸引力的标题，同时，也让读者看到标题就知道是哪一本书。也可以直接采用爆款标题的技巧，取一个更有吸引力的标题。

以上就是写一篇书评的六个步骤。在写作过程中，你可以参照这六个步骤来构思全文。让读者读完文章后，对书籍产生浓厚的兴趣，引发读者的思考、点赞、讨论和转发。

六个步骤，写出优秀的书评

1 开头引入主题

开头引入主题

2 一段话概括全书

作者简介

3 一段话介绍作者

4 提炼三个小标题，讲解三个核心观点

5 简单讲述自己的感悟和收获

6 取一个有吸引力的标题

一个有吸引力的标题

📖 结合样稿，讲解如何写书评文章

下面我以书评文章《〈非暴力沟通〉：别让"暴力"的说话方式，蒙蔽了我们的爱》为例，具体讲解书评文的写作技巧。这篇文章是学员婷然写的，上稿了书评类的公众号。

我会结合书评写作的方法，做一些批注。这篇书评的篇幅比较长，我就截取了书评的开篇第二个小标题的内容，以及结尾作为示例。如果大家要看这篇文章的全稿以及我的详细批注，可以扫码，回复关键词"书评文章"来获取。

扫码回复"书评文章"
获取书评文章和详细批注

《非暴力沟通》：别让"暴力"的说话方式，蒙蔽了我们的爱

标题的写作方式：书名+观点的方法。
标题：别让"暴力"的说话方式，蒙蔽了我们的爱，表达出文章的中心思想。

文/婷然

谈起"暴力"，大家的第一反应可能就是对他人的身体进行攻击，比如打架斗殴。但其实，在我们的日常生活中，更为常见的是：语言暴力。

开头采用的是开门见山的方式，引入"暴力"这个关键词，并重点讲"语言暴力"。

都说"良言一句三冬暖，恶语伤人六月寒"。有些话，让人听了如沐春风，而有的，却犹如冷水浇得人透心凉。

引用俗语，引出下面的具体案例。

丈夫下班回到家，看到蓬头垢面的妻子哄着一直哭闹的宝宝，本就疲惫的心更添烦躁，对着妻子埋怨道："一个孩子都哄不好，你怎么当妈的！"

孩子放学拿着考试成绩单，看着不及格的分数，妈妈忍不住发火："怎么又不及格？同样都是学习，你看邻居家小明怎么就每次前3名。"

用场景描述的方式，举了两个具体的场景，来说明日常生活中的语言暴力。都是读者生活中经常遇到的，很容易引起读者的共鸣。

以上几个场景，你是否似曾相识？这样的沟通方式不仅不会带来你想要的结果，反而会让对方产生反感和隔阂，让彼此的关系变得冷漠甚至敌对。

为什么呢？《非暴力沟通》告诉我们：因为暴力语言的伤害要比肉体上的伤害更加令人痛苦。

承上启下，引出书籍《非暴力沟通》。

一句话引出书籍，并简单概括《非暴力沟通》的观点。

这本书的作者马歇尔·卢森堡是美国临床心理学博士，全球首位非暴力沟通专家。他有着50多年的实践经验，不仅指导人们在工作和生活中运用非

117

暴力沟通消除分歧和争议，还帮助解决了许多世界范围内的争端和冲突。

01 暴力沟通，对人是一种伤害

用一段话，详细介绍作者的背景以及在非暴力沟通上的实战经验。

文章的第一个核心观点：暴力沟通，对人是一种伤害。

02 非暴力沟通，让爱融入你的生活

那么，到底什么是非暴力沟通呢？

讲完暴力的沟通方式，接下来，讲的是非暴力的沟通方式。

文章的第二个核心观点：非暴力沟通，让爱融入你的生活。

马歇尔·卢森堡博士指出，非暴力沟通是指导我们转变谈话和聆听的方式，不要用本能去反应和沟通，而是去留意当下发生的事情，客观陈述观察的事实，清晰表达自己的感受和愿望，又尊重他人感受与倾听他人。

非暴力沟通包含了观察、感受、需要、请求四个要素。

结合书籍的内容，对非暴力沟通作了详细的概念解释。

引出第二部分的核心内容，是讲述非暴力沟通的四个要素。

非暴力沟通的第一要素是观察。它要求我们对正在发生的事情只客观陈述事实，不判断、不评估。

非暴力沟通的第二要素是感受。我们在与他人沟通时，总是习惯于表达想法而非感受，别人就很难了解我们的真实感受，从而产生隔阂。作者建议我们建立表达感受的词汇库，这样有助于更清楚表达内心感受，沟通会更加顺畅。

非暴力沟通的第三要素是需要。在表达了自己的感受之后，则可以说出自己的真实需要。

非暴力沟通的第四要素是请求。要想自己的请求得到对方的积极回应，请求越具体越好。除此之外，我们还要注意说话的语气，避免被人误会你的

请求是"指责和命令"。

我们举一个具体的例子，恋人吵架的时候，如何用非暴力沟通的方式来沟通？

首先，女方会观察到男方的某些行为让自己不高兴，她客观地陈述事实："你7点出门吃饭，深夜12点才回来"。这时候，她会对他说出自己的感受："你刚才的行为，让我很难过。"

接着，她会对男方说出自己的需要："你7点出门吃饭，深夜才回来，我有点伤心。我生病了觉得很不舒服，想让你多陪一下我。"

最后，她会告诉男方自己的请求："我希望你能每天多花1个小时来陪我。"

非暴力沟通建议我们注意观察，专注于彼此感受、需要，获悉对方的请求，鼓励倾听，培育尊重与爱，让沟通双方情意相通，融于爱。

03 学会倾听，真正走进对方的内心

04 写在最后

非暴力沟通就是这样一个神奇的魔法棒，它能帮助我们从负面情绪中解脱出来，平息我们的怒气，让我们更专注于自己或他人的感受。

你的沟通态度，决定了世界的温度。愿我们都能掌握非暴力沟通的技巧，越来越爱自己，越来越懂孩子，越来越懂家人，收获美满的各种关系。

详细讲解非暴力沟通的四个要素。

举一个详细的例子，来说明如何运用非暴力沟通的四个要素。

对第二部分的核心内容作一个简单的总结。

文章的第三个核心观点：学会倾听，真正走进对方的内心。

最后的总结和升华。

结尾用金句和祝福的方式，升华主题，引起读者共鸣。

弘丹点评和拆解

作者阅读《非暴力沟通》这本书后，结合书籍的核心观点和方法步骤写的书评文章，并上稿到书评相关的公众号。我们可以拆解这篇文章，作为书评文章的参考样稿。

书评文章和读后感文章的写作方式是比较类似的。两者的不同是，书评文章的内容，更多是围绕书籍的核心内容和方法，以书籍的素材为主，自己的观点和素材会比读后感文章的占比少一些。

这篇书评文章，重点讲述了《非暴力沟通》这本书的三个核心的内容，分别是：四种暴力的沟通方式，非暴力沟通的四个要素，如何非暴力倾听。

结合这三个核心内容，作者用3个小标题的方式来概括每一部分的观点。

01 暴力沟通，对人是一种伤害

02 非暴力沟通，让爱融入你的生活

03 学会倾听，真正走进对方的内心

这篇书评文章的三个核心内容，都是书里重点讲述的内容。阅读这篇书评文章，可以让读者对《非暴力沟通》这本书有详细的了解。

Tips

我们在写书评文章时，也可以提炼3—4个核心的观点，作为文章的小标题。然后结合这三个小标题，从书中或自己的素材库里收集素材，来论证核心观点。

4.5
书单写作四步法，写出高阅读量的书单

我们读了一些好书，可以写一篇书单文章，把好书分享给更多人。我们做了主题阅读，也可以写一篇书单文章，作为成果展现。

读者挺喜欢阅读书单文章的，因为读者会好奇别人在读什么书。读者也喜欢收藏书单文章，有感兴趣的书，会加到自己的阅读书单上。

如果要写带货文章，也可以写书单文章。比如，电商平台大促时，很多公众号都会写书单文章。大促时有五折优惠活动，写书单文章方便读者一键购买。

我喜欢做主题阅读，做完主题阅读后，会写书单文章。比如我在写作之初，就看了大量写作相关的书籍，写了一篇书单文章《如果你想提高写作能力，我推荐这6本书》，在简书有46万的阅读量。

📖 四个步骤，写出优秀的书单文章

那我们如何来写书单文章呢？我总结了四步法来写书单文章。

第一步，确定写作主题

书单文章，也是新媒体文章，要明确你要写什么主题的书单文。你所筛选的书籍，要符合文章的主题。比如，提升写作能力的书单，你可

以筛选跟写作技巧相关的书籍。提升阅读效率的书单，你可以筛选与阅读技巧相关的书籍。

第二步，筛选优质的书籍

根据你的写作主题，筛选优质的书籍。尽量选择评分不错，自己看完后有收获的书。

一篇书单文章，你可以选择推荐3—6本书，一般是5本比较合适。数量太少，就称不上是书单文；数量太多，文章会比较长，读者一下子也记不住那么多书。所选的书籍，一定要跟主题是相关的，不要推荐跟主题无关的书籍。

第三步，介绍书籍亮点，以及推荐理由

我们推荐的书籍，可以简单介绍下书籍的基本信息，比如作者、书籍简介、核心内容、书籍亮点等，让读者快速了解这些书。

同时，也要写自己的推荐理由，以及读完书的收获或者感悟。这部分内容不要太长，要不然书单文章的字数就会比较多。

第四步，取一个吸引人的标题

标题非常重要，写完文章后，一定要给文章取一个有吸引力的标题。

书单文章的标题，可以用这样的方式："书单主题+推荐×本书"。比如：我写的书单文章《走出焦虑迷茫，我推荐这6本书》等。

我的很多学员，经常写书单文章，而且都上稿获得了稿费。比如晨星写的《看完这几本书，一年读完100本书不是梦》，晴写的《关于女性成长，我推荐这5本书》等。

四个步骤，
写出优秀的书单文章

1 确定写作主题

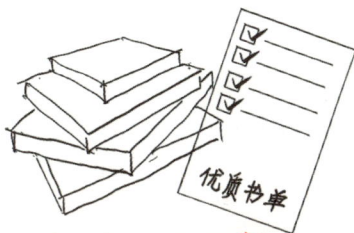

2 筛选优质的书籍

3 介绍书籍亮点，以及推荐理由

4 取一个吸引人的标题

📖 结合样稿，讲解如何写书单文章

　　接下来，我以书单文章《如何过得更幸福？我推荐你读这5本书》为例，具体讲解书单文章写作技巧。这篇文章是希言写的，她的文章经常上稿十点读书、洞见等大号。

　　我会结合书单写作的方法，做一些批注。这篇书单的篇幅比较长，我就截取了书单文章的开篇，第一本书和第二步书的介绍，以及结尾作为示例。

　　如果大家要看这篇文章的全稿，以及我的详细批注，可以扫码，回复关键词"书单文章"来获取。

扫码回复"书单文章"
获取书单文章和详细批注

如何过得更幸福？我推荐你读这5本书

作者：林希言

哈佛大学心理学教授泰勒·本·沙哈尔说："幸福感是衡量人生的唯一标准，生命的最终目标是快乐。"

人生在世，无论是光鲜靓丽的名人，还是奔波忙碌的草根，每个人都在追寻着属于自己的幸福。

然而，幸福到底是什么呢？古往今来，不同的人心中的答案都不同。

今天，为大家推荐这份"幸福书单"，帮你认清幸福的本质，提升幸福力。

01《幸福其实很简单》

这本书是超人气心理学家、EQ管理专家张怡筠博士的代表作，她把自己20多年来的研究心得，全部融入这本书中，书里干货满满。

在这本书中，作者给出很多实用的小方法，手把手教你解决生活难题，帮你在爱情、婚姻、家庭、职场中轻松穿行。

我们总以为幸福离自己很遥远，总想努力去寻找它。

殊不知，幸福就在我们身边。获取幸福的途径，也比我们想象得要简单。

生活中，处处充满小确幸。那些看似不起眼的

书单的标题，采用的是"书单主题+推荐几本书"的方式。这篇书单文章的主题，是推荐跟幸福相关的5本书。

开头是引用名人名言的方式，开门见山提出文章的主题"幸福"。

用非常简短的几句话，切入这篇文章的核心主题，推荐"幸福书单"，认清幸福的本质，提升幸福力。

推荐第一本书：《幸福其实很简单》，这本书的书名就包含了"幸福"两个字，特别适合作为"幸福书单"。

用一段话，简短介绍书籍的作者。

小事，积少成多，都能成为我们幸福的源泉。

林语堂曾这样描述自己的幸福："一是睡在自家的床上，二是吃父母做的饭菜，三是听爱人给你说情话，四是跟孩子做游戏。"

这些事情看似琐碎平凡，但倘若心中有爱，一蔬一饭，三餐四季，皆可为诗。

在作者看来，幸福是深刻而长久的满足感，想要获得幸福，最重要的是要勇于做自己幸福的建筑师，善于做自我幸福的管理员。换句话说就是，幸福不幸福在于自己会不会创建和调节。

幸福不是与生俱来的本能，而是需要后天习得的技能。只有掌握了这些技能，并且付诸实践，幸福才会变得很简单。

而这个学习的过程，无法一蹴而就。如果你想在学习时少走弯路，不妨读读这本书。

02《人生护城河》

这本书豆瓣评分8.1，作者张辉通过以终为始、思行合一、高度透明和多点支撑这4个理念，来告诉大家如何经营人生有限公司。

幸福不是靠运气，而是靠经营。

人生就像一家公司，只有围绕这家公司挖掘出宽广的护城河，才能建立自己的核心优势，从而掌控人生、获取幸福。

生而为人，我们常常花大量时间去追求金钱、

引用名人名言，来解释幸福，并且跟"幸福其实很简单"的话题非常贴切。

简单讲述作者对于幸福的理解，以及如何获得幸福。

用两段话，简单描述自己的推荐理由，通过后天学习幸福这个技能，这本书可以在学习时少走弯路。

推荐第二本书。

用一段话概括书籍的作者以及书籍的核心内容。

这本书的书名，看起来跟幸福没有什么关系。用一句话"幸福不是靠运气，而是靠经营"，总结了推荐这本书的理由。

职位和名气，在社会的裹挟下匆匆向前。

可当我们拥有了这些表面的虚荣，真的会幸福吗？

依赖物质得到的幸福感，其实难以长久。一旦外在事物发生变化，幸福感就会一落千丈。

要知道，幸福不在别人眼中，而在自己心里。

与其费尽心思关注这些不可控的因素，不如反观内心，做自己喜欢的事情。

正如作者所说，真正的幸福感，来源于"当下正在做的事情正是我内心想做的，并且我内心想做的事情给我带来了最大的回报"。

作者自己通过早起写作，进入心流状态。而日积月累坚持写作，又带给他物质和精神双重回报。

这样的日子，无疑是幸福的。

唯有热爱，可抵岁月漫长。希望我们每个人，都能找到内心所爱，幸福地活着，而不是被迫谋生。

……

好了，以上就是今天推荐的5本书，希望对你有启发。

愚者寻觅远方的幸福，而智者在脚下播种幸福。

余生，愿所有幸福如约而至，愿我们都能有事做，有人爱，心怀美好期待，幸福度过生命中的每一天。

分享作者对"幸福感"的理解，以及作者通过早起写作找到幸福的故事。

用金句来作为第二本书推荐的总结。

用一句话总结，推荐这5本书。

用金句来结尾，呼应文章的标题"幸福"，也呼应开头，首尾呼应。

弘丹点评和拆解

写书单文章，首先是要确定书单的主题，这篇文章的主题是"幸福"。结合主题，筛选合适的书籍，这篇文章推荐的5本书，其中3本书，书名就带了"幸福"的关键词，书籍跟主题的相关性是非常强的。

我们在筛选书单的时候，可以用关键词搜索法，比如，推荐"写作"的书籍，就用"写作"这个关键词搜索相关的书籍，筛选自己看过，以及评分比较高的书。

我们确定好书籍的清单后，接下来就是介绍每一本书的概况、作者是谁、这本书讲了什么内容、为什么推荐这本书。这篇文章的每一部分，基本上都是按照这四个方面来写的。

Tips ---

在推荐书籍时，可以引用书籍的一些核心观点、金句等内容，吸引读者的注意力，同时也让文章的内容更丰富。

第五章　■ Chapter 05

写听书稿变现：
如何写出稿费千元的听书稿

很多人在上下班路上、做家务时，会打开听书软件，用20分钟的时间听一本书的精华。

听书稿就是听书音频内容的逐字稿，一般6000字左右。听书稿有一定的写作套路和固定的格式要求，如果不知道这些写作要求，我们写的稿子就很难过稿。

很多平台都有听书的栏目，写听书稿也是读书变现的方式之一。所以，这个章节，我会详细跟大家介绍如何写听书稿实现读书变现。

即使你不给平台写听书稿，也要学习听书稿的写作方式。因为听书稿将阅读和写作形成闭环，能提高阅读效率。如果我们在阅读每一本书时，都去提炼书籍的三个核心知识点，一定会让我们的阅读更有效果。

书评写作和听书稿写作的步骤也是比较类似的，听书稿写作的方法，可以用在书评写作上。如果你经常做直播讲书，也可以参照听书稿的框架，来准备直播讲书的大纲。

5.1
掌握写作模板，写出优质听书稿

听书稿的写作，要跟平台的编辑对接。首先，平台会给出书单，作者从书单中选择一本书来写。作者阅读书籍，提炼出书中的核心要点，撰写思维导图。

作者写好思维导图后，发给编辑确认。听书稿最重要的是三个核心知识点的提炼，如果这三个核心知识点出现偏差，后面听书稿修改就需要花很多时间。作者先跟编辑确定好思维导图，确保三个核心知识点是准确的，再继续写全稿。

作者写完稿件之后，再发给编辑，编辑会给一些修改建议。修改好之后是定稿，平台会安排专业的主播来录制音频文件。

接下来我会详细跟大家介绍，如何写一篇让编辑满意的听书稿。

📖 六个步骤，写出优质的听书稿

我把听书稿的写作流程，总结为六步法。我们写听书稿的时候，就可以按照这六步法来写。

第一步，固定语开篇，一句话概括全书

一般每个平台的开篇第一句话，都是固定的格式。然后，我们再介绍解读的书籍，以及用一句话概括全书的精华内容，吸引听众的注意力和好奇心，让听众想要一口气听完这本书的音频内容。

第二步，引题和破题，吸引听众的兴趣

开头引题和破题的时候，我们可以用讲故事，或讲自己的亲身经历等方式，选择切入点来吸引听众的注意力。引题和破题，可以结合听众的痛点，让听众感同身受，激发听众的好奇心，以及继续听下去的动力。

第三步，作者概况简介

引入这本书后，接下来我们简单介绍下这本书的作者。我们可以介绍作者在这个领域的专业积累，取得了什么成绩等。作者简介部分不要太长，一段即可，最多两个小段。

第四步，概括全书的三个核心内容

介绍完作者和书籍的概况后，接下来，要引出这篇听书稿要重点解读的三个核心内容。提炼出来的三个核心内容，我们会在开篇的时候就告诉听众，吸引他们的注意力，让他们有想要听下去的动力。

比如，学员片儿川姐解读的《无条件养育》，主要从三个部分来解读这本书的精华内容。第一部分，有条件养育有什么危害；第二部分，无条件养育有什么优势；第三部分，如何提供无条件养育。

以上四步是开篇的内容，字数一般控制在1000字左右。我会在后面再详细介绍如何写听书稿的开篇内容，并举例来说明。

接下来是正文部分，这是听书稿的核心内容。

第五步，详细介绍书籍的三个核心内容

这部分是听书稿写作的核心内容，也是篇幅最长的部分。根据不同的书，核心内容也可以是四点，但尽量不要超过五点。这部分内容，一般5000字左右。

每个核心知识点的解读，要有具体的方法和干货。在讲解知识点的时候，要注意上下知识点的衔接，合理设置悬念，引起用户的期待，抓住用户的兴趣。

听书稿的写作难点，是核心内容的选择和讲解，这对作者的总结提炼能力的要求比较高。这些能力是在写听书稿的实战过程中不断提升的。

第六步，总结回顾，对三个重点作一个总结

我们在听书时，容易忘记前面听了什么，所以需要在结尾再总结回顾下。一般是固定格式，比如，首先我们讲了，其次我们讲到了，最后我们讲到……

总结回顾的部分，大概是500字，回顾整篇听书稿的核心内容。最后一段话是固定格式的结束语。

我们写完这部分，一篇听书稿就写好了。听书稿的写作，对于作者的阅读能力和写作能力都有比较高的要求。

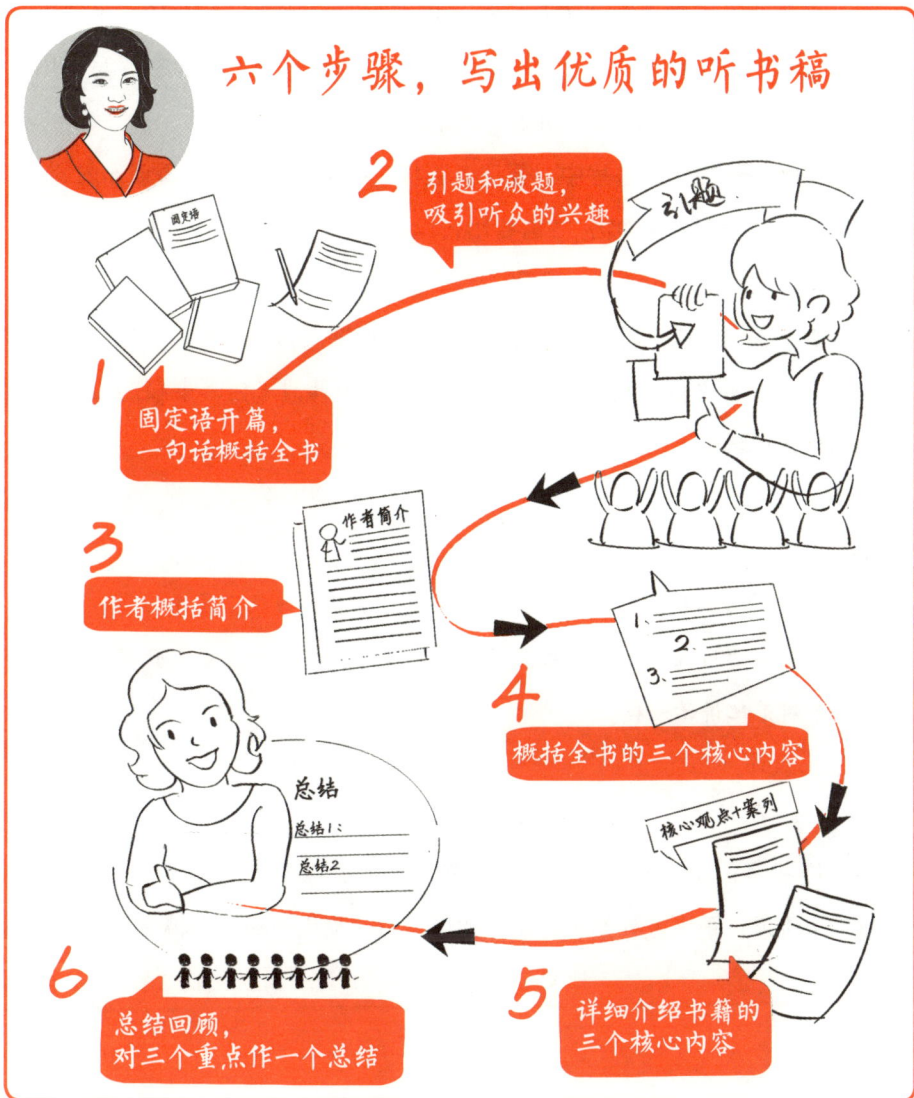

六个步骤，写出优质的听书稿

1 固定语开篇，一句话概括全书

2 引题和破题，吸引听众的兴趣

3 作者概括简介

4 概括全书的三个核心内容

5 详细介绍书籍的三个核心内容

6 总结回顾，对三个重点作一个总结

听书稿的写作风格是严谨、客观、中立的，主要解读书籍的核心内容，不需要过多加入解读者自己的感悟和收获。听书稿的写作，不要写成公众号的写作风格，不要写得诙谐有趣，或者是励志文风格。**写作风格不对，是要全稿修改的，所以一开始就不要写错。**

在听书稿写作的过程中，要注意版权。听书稿是作者的再创作内容，不是原文的搬运。整篇听书稿要用自己的语言来讲述，不要摘抄原文。一方面，是版权保护，另一方面，摘抄原文不符合口语化的表达。

听书稿引用原文的比例不超过10%，我们要用自己的话来解读书籍的核心内容。听书稿要自己原创，我们不能照搬其他平台听书稿的写作框架和写作逻辑。

Tips --

因为听书稿会录制成音频，写的时候要尽量口语化，多用短句、简单的词汇，不要用太复杂的句式。写的时候要有强烈的对象感，让读者觉得好像在对着他讲话一样。

接下来，我从听书稿的开篇、思维导图，以及如何解读重点内容，这三个维度，跟大家详细来拆解，如何写出一篇优秀的听书稿文章。

5.2
写好开篇内容，吸引听众注意力

听书稿的写作，可以分为三部分：第一部分是开篇内容，大概1000字；第二部分是正文内容，大概5000字左右；第三部分是总结回顾部分，大概500字左右。

我们先来详细讲解听书稿的开篇部分的内容。开篇的内容相对来说是比较好写的，而且也是固定的格式。

开篇包含四个部分的内容：第一是固定语开头，一句话总结全书的精华；第二是引题和破题，引入书籍；第三是概括介绍书籍的核心内容；第四是概括介绍作者的背景和情况。

我们分为四个部分，分别来讲解，如何写听书稿的开篇内容。

📖 用一句话，概括书籍精华

一般听书稿的开篇第一句话，都是固定的格式。欢迎听众来到×××平台。然后，再介绍今天要解读的书籍，以及用一句话概括全书的精华内容。

用一句话来概括一本书的核心内容，这句话是非常精练的，同时也要非常有吸引力，能立马吸引听众的兴趣和好奇心。

举一篇我自己写的听书稿，来作为案例。

你好，欢迎来到【弘丹早起读书会】，早起读书，终身成长，我是【弘丹早起读书会】的创始人弘丹。今天为你解读的是我在2018年出版的第二本书：《从零开始学写作》。这本书讲的是如何从零开始写作，掌握写作的底层逻辑，写出优质的文章。

开篇的第一段话，前面的内容都是固定格式，难点是最后一句话，要用一句话概括书籍的核心内容。

我给大家总结了两个方法，来提炼这非常精练的一句话。

1. 从这本书的使命，以及解决读者痛点的角度上来提炼

每一本书都有自己的使命，以及要解决的核心问题。我们可以找出作者要解决的核心问题，作为一句话概括书籍的核心内容。

介绍方法论的书，一般都会解决读者相应的痛点，我们也可以从解决读者痛点的角度来写。如果能击中读者的痛点，读者就会被吸引，对后面的内容感兴趣。

比如《跟任何人都聊得来》这本书，作者在书中讲的方法，是针对内向者的。因此，我是这么提炼的：内向者如何自信与人交谈，跟任何人都聊得来？

2. 用提炼的三个核心要点，来概括精华内容

我们写听书稿时，会提炼书籍的三个核心知识点。我们在写一句话概括书籍核心内容时，可以直接使用这三个核心知识点作为内容要点。

比如《焦虑情绪调节手册》，这本书主要讲了，用认知行为疗法、情绪暴露法、情绪隐藏技术来调节焦虑情绪。因此一句话概括就是：如何用认知行为疗法、情绪暴露法以及情绪隐藏技术，来调节生活中的焦虑情绪？

📖 引题和破题，引入书籍主题

用固定语介绍要解读的书籍后，接下来就是引题和破题。

引题和破题要快，不要过于冗长。破题和书籍关联度要高，可以采用场景化描述、讲故事、亲身体验等方式。

开头一两句话要特别吸引人，在开头就要快速抓住听众的注意力。我在《精进写作》这本书里，介绍的开头写作方法，也适用于听书稿的开头写法。

比如，我撰写的《你充满电了吗》这篇听书稿的引题和破题，是用了痛点法。

不管是在职场，还是在生活中，我们总是可以发现有这样一类人，他们像打了鸡血似的，永远充满活力，仿佛有用不完的精力。而有些人，却做什么事情都提不起劲儿来，也不愿与人交往，总觉得生活很无聊。每天不是能量满满的状态，而是缺乏能量的状态。

如果你也有这样的问题，说明你该充电了。《你充满电了吗》这本书，作者详细讲述了如何从三个方面给自己充电，来激活自己的人生状态。

📖 用一段话，介绍一本书的概况

开篇引题和破题之后，我们可以用一段话来介绍下这本书，让读者对这本书有更多了解。

我们在写一段话介绍整本书的核心内容时，可以参考书籍的内容简介，同时结合自己对这本书的理解，用自己的语言来描述。也要结合听众生活中的痛点，对书籍最精华的部分进行预告，或者是给听众提供颠覆性的观点，唤起他的好奇心。

举一篇我自己写的听书稿的一段话概括书籍核心内容来作为示范。

《一分钟经理人》的一段话简介。

《一分钟经理人》这本书介绍了一种简单、高效的管理方法，被称为一分钟管理法。它主要有三个原则，分别是：一分钟目标、一分钟称赞、一分钟更正。一分钟管理法，把复杂的管理变成了一件一分钟就能完成的小事。

📖 用一段话，介绍书籍作者

用一段话介绍书籍后，接下来要用一段话介绍书籍的作者。有时候，写作顺序是先介绍作者，再介绍书籍，这两个顺序都是可以的。

一般书籍的勒口就是作者简介，我们可以作为参考。除了书籍里的作者简介，还可以搜集一些资料，对作者有更全面的了解。

作者简介，不是百度百科式的介绍，尽量写出作者在这个领域的专业积累，取得了什么成绩，其他名人对作者的评价，读者的一些有力评价等，选择能引起读者共鸣的素材。作者简介部分不要太长，一段即可，最多两个小段。

我们举一个例子来说明，如何用一段话介绍作者。《人类简史》的作者简介，是这样写的。

《人类简史》的作者尤瓦尔·赫拉利，是获得牛津大学博士学位的历史学家，被称为青年怪才。除这本《人类简史》外，他还出版了另外两本全球畅销书《今日简史》和《未来简史》，三本书一起被称为"简史三部曲"。

5.3

撰写思维导图，搭建写作框架

听书稿写作的难点，就是提炼整本书的3—4个核心知识点，并且用相应的案例来论证核心知识点。

因为听书稿的篇幅比较长，一般都是6000字以上，在正式写听书稿之前，编辑都会要求作者先撰写听书稿的思维导图，思维导图通过审核后，作者再撰写整篇听书稿的文字内容。

编辑审核听书稿的思维导图，重点也是看核心知识点的提炼是否精准，写作思路和框架是否正确。

📖 如何撰写听书稿思维导图

撰写思维导图的目的，是帮助听众理解这篇听书稿的框架，归纳整篇听书稿的核心知识点。

思维导图是整篇听书稿的核心知识点，而不是全书的知识结构。思维导图，是自己阅读完书籍，消化理解后，归纳总结出来的知识结构，是听书稿的写作思路和大纲。听书稿的思维导图部分，不包含开篇的1000字左右的内容。

我们撰写的思维导图，平台会发布出来，作为听书音频的文字导读内容。所以，撰写思维导图时，要有用户思维。思维导图不是简单的关键词罗列，而是要让没有看过这本书的听众都能通过思维导图了解听书音频的核心知识点。

撰写听书稿思维导图的具体要求。

一般听书稿的思维导图分为三级主题：一级主题是书名；二级子主题是3—4个核心知识点；三级子主题是每个核心知识点下面的子知识点，一般为3个，最多不超过4个。

我们提炼三个核心知识点的时候，不需要囊括整本书的所有内容，只需要提炼出三个核心部分，然后把这三部分的内容讲透就可以。每部分的重点，我们可以结合书中的案例来讲解。

在绘制听书稿思维导图的时候，我们要俯瞰全书，把握全书的脉络，思考听书稿的讲述结构。从书籍中挑选重点内容，是绘制思维导图的关键步骤。三个重点内容是书籍中重点讲述的核心内容，不是非重点内容。

Tips

听书稿的思维导图，不是对全书内容的知识点罗列，而是要融入自己对书籍的理解，有一个思考和解读的过程。

思维导图内容要与听书稿内容一一对应，所以我们在写完听书稿的内容后，要修改下思维导图。因为有些内容，可能跟一开始撰写的思维导图不一样了。

我们来举一些听书稿思维导图的例子。

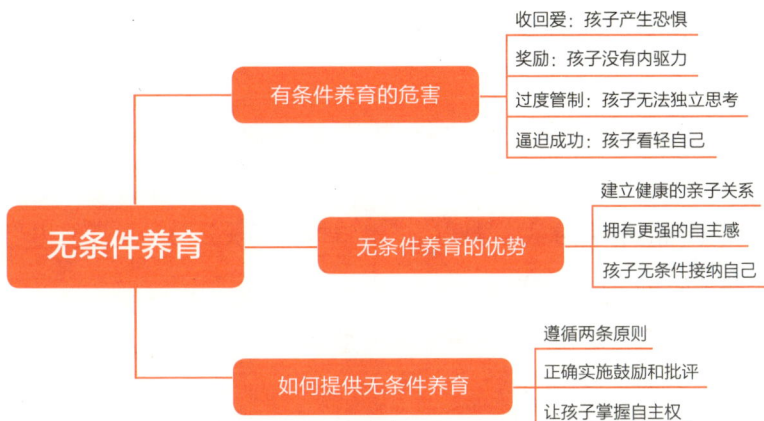

无条件养育

- 有条件养育的危害
  - 收回爱：孩子产生恐惧
  - 奖励：孩子没有内驱力
  - 过度管制：孩子无法独立思考
  - 逼迫成功：孩子看轻自己
- 无条件养育的优势
  - 建立健康的亲子关系
  - 拥有更强的自主感
  - 孩子无条件接纳自己
- 如何提供无条件养育
  - 遵循两条原则
  - 正确实施鼓励和批评
  - 让孩子掌握自主权

精要主义

- 精要主义者的三种核心思维模式
  - 重视选择权，挑选出对自己真正重要的事情
  - 能够甄别，寻找出少数真正有价值的事情
  - 会做取舍，在很多想做的事情中只做最重要的
- 精要主义者养成第一步：探索有意义的少数
  - 从琐碎事务中抽离，留出思考精要事务的空间
  - 学会玩游戏，从中激发创造性的探索
  - 精选机会，找到让个人贡献达到峰值的事情
- 精要主义者养成第二步：排除无意义的多数
  - 设定精要目标，排除不能衡量的无意义目标
  - 有勇气，对不重要的事情坚定地说不
  - 敢于放弃，对不能继续产生价值的事情要止损
- 精要主义者养成第三步：轻松执行有意义的少数
  - 扫除障碍，从最主要的障碍开始处理
  - 从小处着手，嘉奖鼓励每一个小小的进步
  - 形成做重要事务的常规习惯，让行动毫不费力

📖 绘制思维导图，常用三种逻辑结构

常见的听书稿的思维导图的逻辑结构，可以分为：并列结构、黄金思维圈结构和时间顺序等。

采用并列的结构来写的听书稿，是因为核心的知识点之间是并列的关系。

并列结构的核心知识点，比如《硅谷模式》，四个核心知识点分别是：硅谷的推门文化、试错文化、工程师文化、用人文化。比如，《重来》这本书，四个核心知识点分别是：经营战略中的极简主义、营销理念中的极简主义、产品定位中的极简主义、企业文化中的极简主义。

黄金思维圈结构，就是3W：Why, What, How的结构来写听书稿。

比如，《上瘾》这本书的核心知识点，就符合3W的结构：让用户养成习惯对企业有什么好处？什么是"上瘾模型"？如何使用"上瘾模型"？

大部分的传记类书籍，在撰写听书稿时，可以采用时间顺序，比如《成为》。按照时间顺序，讲述了米歇尔·奥巴马的故事，把她的人生分为三个阶段。

第一个阶段，是成为米歇尔·罗宾逊，讲述的是她的出生、求学阶段的故事。第二个阶段，是成为米歇尔·奥巴马，讲述的是结识奥巴马的爱情故事，为人妻母平衡事业与家庭，以及全力为丈夫助选的故事。第三个阶段，是成为美国的第一夫人，讲述的是在白宫生活的故事，以及如何重新找到自身定位，为改变美国作出巨大贡献的故事。

成为一名真实而努力的励志偶像

成为米歇尔·罗宾逊
- 生于贫困的工人家庭，自信努力且满怀希望
- 对抗种族偏见，克服自我认同焦虑
- 进入普林斯顿大学和哈佛大学，跻身精英阶层

成为米歇尔·奥巴马
- 结识奥巴马，为理想转投公众服务事业
- 为人妻母，努力平衡事业与家庭
- 身负更大的使命，全力为丈夫助选

成为美国第一夫人
- 白宫生活光鲜外表下的束缚与无奈
- 因直率而饱受争议，却从不伪装真实的自己
- 找到自身定位，为改变美国作出巨大贡献

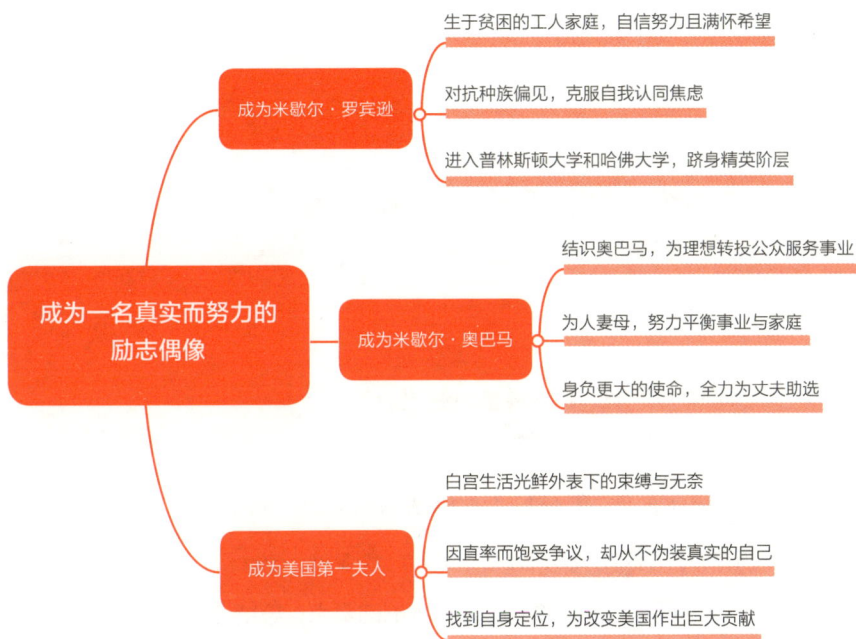

我们在绘制听书稿的思维导图时，可以套用常见的这些听书稿的逻辑结构，让自己的听书稿的逻辑更清晰。

我们在绘制思维导图时，要避免这四个常见的问题。

1. 思维导图是全书内容知识点罗列，不是听书稿的思维导图。

2. 知识点归纳过于简单，读者看完思维导图不知所云，常见于三级子主题。

3. 三个核心知识点，不是书籍的重点内容，选取了非重点内容。

4. 三个核心知识点，只讲解了书籍中一小部分的内容，没有包含大部分的核心知识点。

5.4
撰写正文内容，解读三个核心知识点

📖 如何总结提炼书籍核心知识点

写听书稿的难点，就是提炼和概括书籍的三个核心知识点。我们来介绍一些实用的方法，你可以用这些方法，来提炼书籍的三个核心知识点。

第一，从封面、封底、腰封等寻找本书的卖点，总结这本书的核心知识点

一般书籍的封面、封底或者腰封会列出这本书的核心卖点，来吸引读者的注意力。如果看到合适的关键词，也可以作为本书的核心关键词。

比如《上瘾》这本书，最核心的关键词就是"上瘾"这两个字，整本书都是围绕这两个字展开的。找到"上瘾"这个关键词后，我们就可以结合书籍的内容，提炼《上瘾》这本书的三个核心知识点。

我们将通过3个问题来解读《上瘾》这本书。

第一个问题，让用户养成习惯对企业有什么好处？

第二个问题，什么是"上瘾模型"？

第三个问题，如何使用"上瘾模型"？

比如《童年的消逝》，这本书最核心的关键词就是"童年消逝"这四个字。找到"童年消逝"这个关键词后，我们可以结合书籍的内容，提炼这本书的三个核心知识点。

第一个重点是：童年是如何产生的？

第二个重点是：童年是如何消逝的？

第三个重点是：如何避免童年的消逝？

第二，总结提炼这本书的特色，来概括这本书的精华内容

每本书都有各自的特色，我们可以总结提炼这本书的特色，来概括这本书的精华内容。

比如《坚持，一种可以养成的习惯》，这本书的最大特色就是详细介绍了培养习惯的三个阶段，以及如何用科学的方法度过这三个阶段。这也是我看完这本书后印象最深刻的内容。

我写过《坚持，一种可以养成的习惯》的听书稿，并且上稿到一书一课平台。我总结提炼了这本书的三个核心知识点。

第一个重点是，什么是习惯，为什么我们总是三分钟热度？

第二个重点是，如何用科学的方法，度过培养习惯的三阶段？

第三个重点是，培养习惯需要注意的三个原则。

第三，以提问的方式，挖掘这本书要解决的核心问题

每一本书都是有自己的使命的，每本书的作者都是要解决一个核心问题的。找出作者要解决的核心问题，作为一句话介绍这本书的核心内容。

比如，《黑匣子思维》这本书主要讲的是失败，作者要解决的核心问题是：如何正视失败，并从失败中学习？这本书的三个核心知识点也是围绕这个核心问题来展开的。

第一个重点内容，对待失败有哪些不同的态度？

第二个重点内容，如何正确对待失败？

第三个重点内容，如何从失败中学习？

第四，合并同类项，总结提炼书籍重点内容

有些书的信息量巨大，我们可以对这些内容进行合并同类项，或者是总结概括。

比如《销售圣经》这本书，作者总结了上百条行动指南，信息量巨大。我们可以进行合并同类项，把销售根据过程划分为：销售前、销售中、销售后三个阶段。这上百条的行动指南，就可以分别划分到这三个不同的阶段，每个阶段可以选择核心的几条行动指南来践行和运用。

三个核心内容，就是结合销售前、销售中、销售后这三个阶段来讲述。学员露西小鱼上稿一书一课的听书稿的三个核心内容是这样写的：

第一，在销售之前需要做哪些准备？

第二，在销售过程中如何有效进行表达？包括自我介绍、提问、陈述和应对拒绝的方法等。

第三，在成交之后，如何利用人脉资源获得更多的成交？

📖 如何解读每一个重点内容

找出书籍的三个核心知识点后，接下来就是详细解读每一个重点内容，这是听书稿写作的重点。

解读重点内容，是用论点+论据的方式来撰写。

确定听书稿的三个核心观点，然后选择案例来解读观点，或者是向听众介绍书中的方法或者原理。在解读每个重点的时候，用具体的例子来解释观点、方法或步骤。

案例可以来自我们所解读的书籍，或者是自己收集的可靠的素材，比如从其他书籍、纪录片、百度百科等收集来的素材。我们写听书稿的案例和素材，一定要确保是从靠谱的渠道获取的素材。

我们在选择案例时，要挑选典型的例子，尽量是从书中选择素材和例子，用自己的话转述，不要直接摘抄引用原文内容。

接下来，我介绍一些方法，来具体讲解如何解读书籍的重点内容。

方法一：确定核心观点，选择案例来解读或者证明观点

有一些书籍，作者会提出一些独特的观点，然后会举一些例子来详细论证自己的观点。我们在写听书稿的时候，可以来解读作者的独特观点，并且也要用具体的例子来论证观点。

比如《重来》这本书，我们在解读第一部分"经营战略中的极简主义"时，就可以从书中筛选合适的案例来论证。通过这个例子，我们可以了解到什么是经营战略中的极简主义。

在经营战略上，37signals公司的极简主义思想最重要的精髓就是小规模。这家公司的创始人也就是本书的作者贾森在被采访时说："我希望公司慢慢地、谨慎地、系统地成长，而不是为了变大而变大。"

在招聘员工时，37signals公司慎而又慎，他们时时提醒自己：如果不招人会怎么样？这项额外的工作真的给我们带来了很大负担吗？我们能不能用一套软件或者改变一下操作来解决这个问题呢？如果有人离职了，他们也不会立即招人来顶替，而是看看如果没有人在这个职位上，自己能坚持多久，等到实在受不了再招人。因此，直到现在，他们的公司也只有四十几名员工。

方法二：用具体的例子来说明核心的方法或者操作步骤

有很多实用类的书籍，会详细介绍一些方法、模型或者是操作步骤。我们在写听书稿的时候，也可以结合案例，来详细介绍操作的方法和步骤。

比如《上瘾》这本书，听书稿的第二个核心知识点主要讲的是"上瘾模型的四个步骤"。在解读每一个步骤时，可以举一些具体的案例。

上瘾模型中的第二步：行动，让用户开始使用产品。

书里说，有两个机制能让用户开始行动，一个是动机，一个是能力。

动机就是让用户有足够的愿望来使用产品，能力就是让用户能轻松驾驭产品。

举个例子，我们平时走在百货大楼里面收到几张优惠券，我们来设想，假如今天你接到了3张优惠券：第一张上面写，高尔夫球场开业，8折酬宾！第三张优惠券是超市大酬宾，牛排价格打6折，你呢，正好最喜欢吃的就是煎牛排。一看地址，这超市就在你家附近，走路五分钟就到，那还等什么呢，立马就去抢购了！这就是既有动机又有能力。

通过这个具体的案例，我们清楚了解，让用户行动的两个机制："动机"和"能力"，以及什么情况下，是既有动机又有能力。

方法三，从书中寻找解决方案，解决用户痛点

很多实用类的书籍，在书籍里作者都列出非常多的方法和解决方案。我们在阅读实用类书籍时，可以刻意去寻找作者提供的解决方案，并在听书稿里详细跟用户介绍解决方案。

比如，《一分钟经理人》这本书主要讲的是，如何通过一分钟管理法的三大原则简单高效地管理员工。我们在阅读这本书时，就要去找到解决方案，比如，如何设定一分钟目标，如何进行一分钟称赞，如何进行一分钟更正。

我们以"一分钟称赞法"为例，来详细讲解书籍中提供的解决方案。

一分钟称赞的方法：当一分钟经理人发现下属做对了一件事后，就会给他一分钟称赞。他会明确告诉你这件事对在哪里，告诉你他感到很高兴，他会停一会儿让你好好感受一下，然后鼓励你保持好势头，再多称赞你一下。

要进行一分钟称赞，你只要做到以下两步。

在前半分钟，要及时称赞下属，告诉他们对在哪里，要说得非常具体。告诉他们这件事做对之后，让你感到非常高兴，对整个团队和同事会有多大帮助。然后停顿一会儿，沉默几秒，让他们静静地体会做对事情带来的喜悦。在后半分钟，鼓励他们以后继续这样做。明确说明你对他们有信心，并会支持他们获得成功。

如果你是一个领导者，就可以运用《一分钟经理人》的三个原则，来领导员工。就像一分钟经理人的座右铭：**"我最好的投资，就是把时间花在人身上。"**

📖 结合样稿，讲解如何写听书稿

接下来，我举一个具体的例子，一起来拆解听书稿文章。

因为听书稿的篇幅比较长，一般都是6000字以上。我截取听书稿的开篇内容，第一个重点内容的第一个知识点，以及结尾总结回顾的部分，展示听书稿的结构。

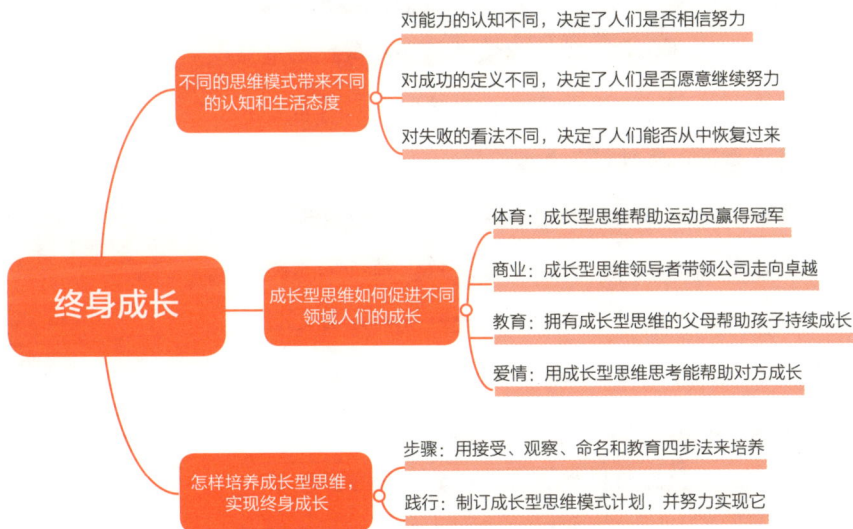

终身成长

不同的思维模式带来不同的认知和生活态度
- 对能力的认知不同，决定了人们是否相信努力
- 对成功的定义不同，决定了人们是否愿意继续努力
- 对失败的看法不同，决定了人们能否从中恢复过来

成长型思维如何促进不同领域人们的成长
- 体育：成长型思维帮助运动员赢得冠军
- 商业：成长型思维领导者带领公司走向卓越
- 教育：拥有成长型思维的父母帮助孩子持续成长
- 爱情：用成长型思维思考能帮助对方成长

怎样培养成长型思维，实现终身成长
- 步骤：用接受、观察、命名和教育四步法来培养
- 践行：制订成长型思维模式计划，并努力实现它

《终身成长》听书稿（节选）

解读人：晓杰

你好，欢迎来到"弘丹早起读书会"，早起读书，终身成长，我是主播维亚。

今天为你解读的书是《终身成长》，为你讲解书中的精髓：如何培养成长型思维，实现终身成长。解读人是"弘丹写作社群"作者晓杰。

相信大家都听过这句话："成功是一时的，成长是一辈子的。"是呀，尤其在这个飞速发展的时代，即使取得了成功，也要不断成长，不然很容易止步不前，被社会淘汰。

那么决定我们成功的关键因素是什么？有人会说是天赋，也有人说是智力，还有人可能会说是情商，但是美国斯坦福大学心理学教授卡罗尔·德韦克博士告诉我们，人类能否获得成功的决定因素既不是能力也不是天赋，而是思维模式。

作为人格心理学、社会心理学和发展心理学领域内公认的杰出学者之一，德韦克博士经过数十年研究发现，人类的思维模式有两种，一种是固定型思维，另一种是成长型思维。正是这两种思维模式决定了我们能否有所成长，获得成功。

那么这两种思维模式会对人们的生活乃至整个人生产生什么影响呢？怎样才能培养成长型思维模

第一段话，是【弘丹早起读书会】的固定开篇语。

第二段话，是介绍今天解读的书籍，以及一句话概括书籍的精髓。

引题和破题，用一句俗语切入主题，引出成功和成长这个话题。

用提问的方式，吸引用户的注意力。成功是每个人所追求的，那成功的关键因素是什么？相信很多读者都想要知道答案。

由这个提问，作者引出了《终身成长》的作者，并且回答了问题：成功的决定因素是思维模式。

引入这篇听书稿的核心内容，固定型思维和成长型思维。

式呢？这些问题，都可以在《终身成长》这本书中找到答案。

这本书坐镇美国亚马逊心理类畅销榜10年，曾经受到《时代周刊》《早安美国》《华尔街日报》的热赞，是影响美国一代人的心理励志之作。

作者卡罗尔·德韦克博士，现任斯坦福大学心理学教授，是美国艺术与科学院院士。她因为对"成长型思维"的突破性研究，荣获了全球最大教育单项奖"一丹奖"。

今天，我们将从三个部分来了解本书的精华内容：第一部分，两种思维模式的区别和带来的影响。第二部分，成长型思维如何促进不同领域人们的成长？第三部分，怎样培养成长型思维，实现终身成长？

第一部分：不同的思维模式带来不同的认知和生活态度

通过前面的介绍，我们已经初步了解了固定型思维和成长型思维有着本质的区别，正是这些区别会使不同的人产生不同的想法和行为，进而给人生带来不同的影响。德韦克在书中从三个方面来阐述了这个问题。

第一，拥有两种思维模式的人对能力的认知不同。

固定型思维者认为人们的能力是一成不变的，尤其是人的某项特长，肯定是生来就有的，而且，他们认为只要有天分就能成功，不用再付出更多的努力。

> 对《终身成长》这本书的简单介绍，以及对这本书的专业地位的介绍。

> 用一段话介绍作者，是斯坦福大学心理学教授，是院士，并且因为"成长型思维"获奖。这个奖项，跟本篇听书稿是紧密相关的，加入这个介绍，可以让用户看到作者是有杰出贡献的专家。

> 第一个核心的观点，用了三个子观点来解读。
> 从三个方面来介绍固定型思维和成长型思维的区别。

> 第一个子观点，固定型思维和成长型思维，对于能力的认知不同。

而成长型思维者却认为能力是可以不断提升的，相比于天赋，后天的学习或努力更重要，哪怕是天才也需要努力才能成功。

究竟哪种思维模式正确呢？我们来看下面两个例子。

北宋文学家王安石写过一篇文章名叫《伤仲永》。故事中的主人公方仲永无师自通，五岁就能提笔写诗，被大家称为神童。有人花钱求取仲永的诗，父亲觉得有利可图，就每天带着他四处作诗，不让他学习，慢慢地，仲永作诗的才能消失了。这就是固定型思维导致的悲剧。

我们再来看另一个故事，匈牙利的波尔加家族培养出了三名最杰出的女性象棋大师，其中，最小的女儿朱迪特当初并不是最有天赋的，起步很慢，但是父亲和她自己始终认为："天生的才能没有用，这个成功是靠99%的辛苦努力得到的。"朱迪特是这么想，也是这么做的。她非常努力，每天要下8—10个小时的棋，最终成为当今最出色的象棋手之一。朱迪特和父亲的想法是典型的成长型思维。

这两个故事告诉我们，有天赋只是基础，要想取得成就，后天的学习是必不可少的。

……

好了，以上就是今天要讲的全部内容。我们再来系统回顾一下：关于如何培养成长型思维，实现

结合书籍中对于固定型思维和成长型思维的定义式，来解读不同思维方式的人对于能力的认知不同。

用具体的例子，来解读具体的区别。

这个例子，不是书籍里的例子，举了我们非常熟悉的伤仲永的故事，让我们看到不学习、不成长，即使是天赋异禀，也会泯然众人矣。

这个例子，是《刻意练习》这本书里提到的。《终身成长》和《刻意练习》对于能力的解读是异曲同工的。
用这个例子，来说明能力是可以通过后天的努力逐渐培养的。

终身成长的问题。

第一，两种不同思维方式的人们表现不同，固定型思维者认为能力是一成不变的，总是想去证明自己，比较关注一时的成败结果；成长型思维者认为通过努力可以提升能力，不给自己设限，不断成长进步。

听书稿写作的第六步，总结回顾，对三个核心知识点做整体的回顾。

第二，……

第三，……

用一段话来总结和回顾，带着听众回忆刚刚听到的核心内容，加深印象。

以上就是《终身成长》这本书的精彩内容，恭喜你又听完了一本书。

这里是"弘丹早起读书会"，让我们一起早起读书，成为终身学习者和终身成长者。我是主播维亚，我们下期再见。

最后是固定语结尾。

弘丹点评和拆解

这是《终身成长》的听书稿文章，上稿了"弘丹早起读书会"的听书专栏。很多听众都非常喜欢这篇听书稿。

写听书稿，最难的是提炼书籍的三个核心内容。《终身成长》这篇听书稿的作者，使用的是结合核心的概念，用合并同类项的方式，来提炼这本书的三个核心内容。

从书籍的第一章、第二章和第三章提炼出第一个核心内容：两种思维模式的区别和带来的影响。

从书籍的第四章、第五章、第六章和第七章提炼出第二个核心内容：成长型思维如何促进不同领域人们的成长，分别介绍了在体育、商业、人际关系、教育等领域中成长型思维的应用。

从书籍的第八章提炼出第三个核心内容：怎么样培养成长型思维，实现终身成长。因此，听书稿的三个核心知识点，就概括为以下的要点：

第一部分，**两种思维模式的区别和带来的影响是什么？**

第二部分，**成长型思维如何促进不同领域人们的成长？**

第三部分，**怎样培养成长型思维，实现终身成长？**

第一部分重点解读的是，两种思维模式的区别和带来的影响。作者结合书籍的内容，分别从对能力的认知、对成功的定义、对失败的看法这三个方面的不同来阐述两种思维模式的不同。

每一部分，都结合了书籍里的素材和案例，还联想到了其他的素材和案例，比如王安石写的《伤仲永》的故事。用具体的素材和案例来论证核心观点。

这篇听书稿的逻辑也非常清晰，每部分的结构是一目了然的。同时，作者举了丰富的案例，来论证听书稿的三个重点内容。

大家可以参考这篇听书稿的写作方法，来写自己的听书稿文章。如果想要获得《终身成长》整篇文章的批注和拆解的话，可以扫码回复关键词"听书稿文章"获取。

扫码回复"听书稿文章"
获取听书稿全文和详细批注

06

直播变现：
如何成为优质读书主播

短视频和直播，是重要的时代趋势，抓住短视频的红利，是普通人弯道超车的机会。短视频和直播，也是读书变现的方式之一。我们可以成为一位读书主播，通过短视频和直播实现读书变现。

6.1
普通人，如何从零开始做视频号

📖 顺势而为，抓住短视频直播的趋势

5G时代，用户已经习惯看短视频和直播。**用户的注意力在哪里，我们就要去哪个平台创作用户喜欢的作品。**

根据中国互联网络信息中心（CNNIC）发布的报告，截至2021年6月，我国网民规模达10.11亿人，其中短视频用户就达到了8.8亿人。

短视频成为人们记录日常生活的工具，涵盖生活、美食、影视娱乐、育儿等方方面面。抖音、快手等平台，是热门的短视频平台。

2020年，微信推出视频号，很多人开始在视频号创作短视频。**在微信生态打造个人品牌，视频号是内容创作者必须躬身入局的一个平台。**本章我们以视频号为例，跟大家分享如何创作短视频和如何进行直播。

微信是巨大的流量入口。根据腾讯公布的2021年第三季度财报，截至2021年9月30日，微信的全球总月活达到了12.6亿。

微信给视频号设计了多个展示入口。在个人名片上，除了展示朋友圈，新增了视频号的展示。在发现的页面，有视频号的入口和直播的入口。

视频号特别适合普通人创作，视频号的介绍里就有写："视频号是一个人人可以记录和创作的平台，也是一个了解他人、了解世界的窗口。"每个人都可以在视频号上随时随地记录和发布生活的点点滴滴，跟更多人分享自己的生活。

直播也是视频号非常重要的功能。视频号的多个现象级直播，让用户看到视频号直播的巨大潜力。比如，西城男孩演唱会、竖屏看春晚等事件，让视频号多次出圈。西城男孩的直播有2287.5万人观看，最高在线人数突破140万，点赞超过1.5亿。虎年除夕当晚，超过1.2亿人在视频号"竖屏看春晚"，直播间点赞超过3.5亿次，总评论数超过919万条。

视频号是微信生态的重要一环。 视频号打通了公众号、朋友圈、小商店、小程序、企业微信等，也打通了私域和公域，形成商业闭环。所以，视频号有着巨大的商业价值。

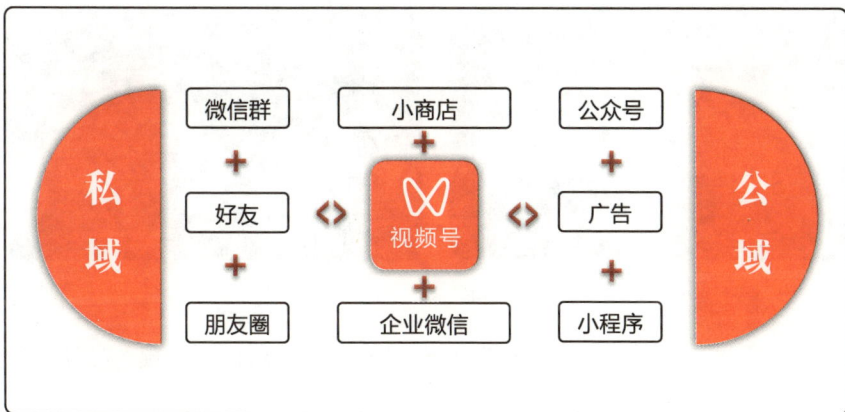

从2015年到2020年，我是以新媒体文章为主的内容创作者。2020年，微信推出视频号后，我就躬身入局视频号，开启短视频创作和直播分享，也取得了不错的成绩。

2020年，我的视频号被评为"**作家榜TOP50账号**"；2021年，我被评为优质内容创作者。我累计在视频号做了200多场直播，通过视频号直播变现100多万元，最高的一场直播带货达12万元。我曾做过连续7天的直播，每天直播4个小时，累计直播间成交额达50多万元。

我也收到视频号官方邀请，直播多次上线"八点一刻"大咖聊知识的活动。我的直播主要在读书专场和职场专场，跟大家分享读书的方法和职场硬核技能打造的方法。

直播前，会在"八点一刻"的专属页面，展示直播的预约按钮，我的其中一场直播预约人数3874人。其中一场关于"读书成事心法"的直播，场观达到2.6万人。

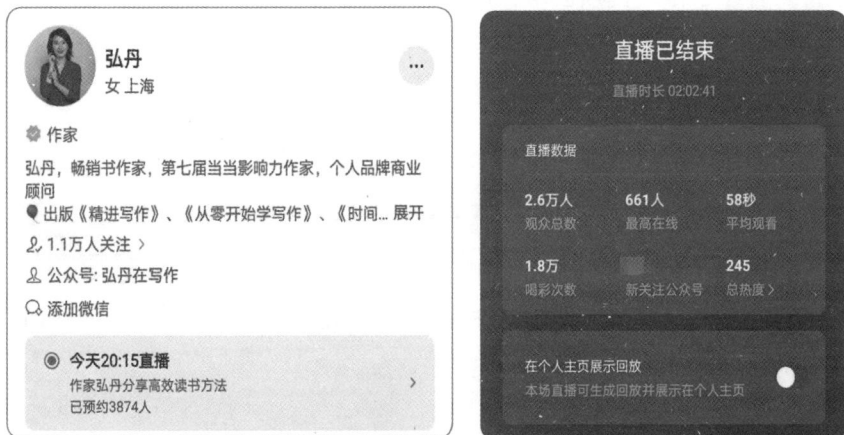

我的很多学员，以前也都没有做过短视频和直播，因为参加了我的视频号直播训练营，敢于迈出第一步，行动起来，做出了不错的成绩。

年度会员古京丽，是一位资深的领导力发展顾问，原本是以线下培训为主，参加视频号直播训练营后，转型线上线下相结合模式。她从零开始做视频号，成为职场领域TOP10账号，通过线上直播和讲课，连续6个月线上变现6位数，2021年业绩翻倍。

学员贝优燕子，从零开始做直播，累计直播100多场，单场直播最高场观2万多人。通过直播带货，她直播变现3万多元。

还有学员的视频号，成为生活领域的TOP10账号，有广告商主动来寻求合作，光广告收入就有好几万元。

很多人不敢迈出拍视频和做直播的第一步，所以我们社群组建了视频战队和直播战队。仅2022年2月份，直播战队累计完成162场直播，视频战队累计完成128条视频。参与战队的学员，大幅提升了自己的行动力，也取得了不错的成绩。

我们要做一个全方位的内容创作人。我擅长文字创作、图文创作，也擅长音频创作、视频创作、直播讲书、直播讲课等。在我的年度会员社群，我也会把大家培养为全方位的内容创作人，不仅擅长写作，也擅长短视频创作和直播等多种形式。

成为全方位的内容创作人，可以实现复利式创作，一鸭多吃。同一个主题的内容，可以写成新媒体文章，可以做小红书的图文，可以剪辑成视频作品，还可以做一场直播来分享。多种创作方式，多次触达用户，把内容的价值发挥到最大。**创作优质内容的底层逻辑是相通的，优质内容永远是稀缺的，你我皆有机会。**

> **Tips**
>
> 不要只是看短时间内做视频号带给自己的收益，而是要去看3年后、5年后带给自己的价值。从长期的眼光看，短视频和直播大有可为，一定要躬身入局。顺势而为，更容易取得成功，也更容易做出成绩。

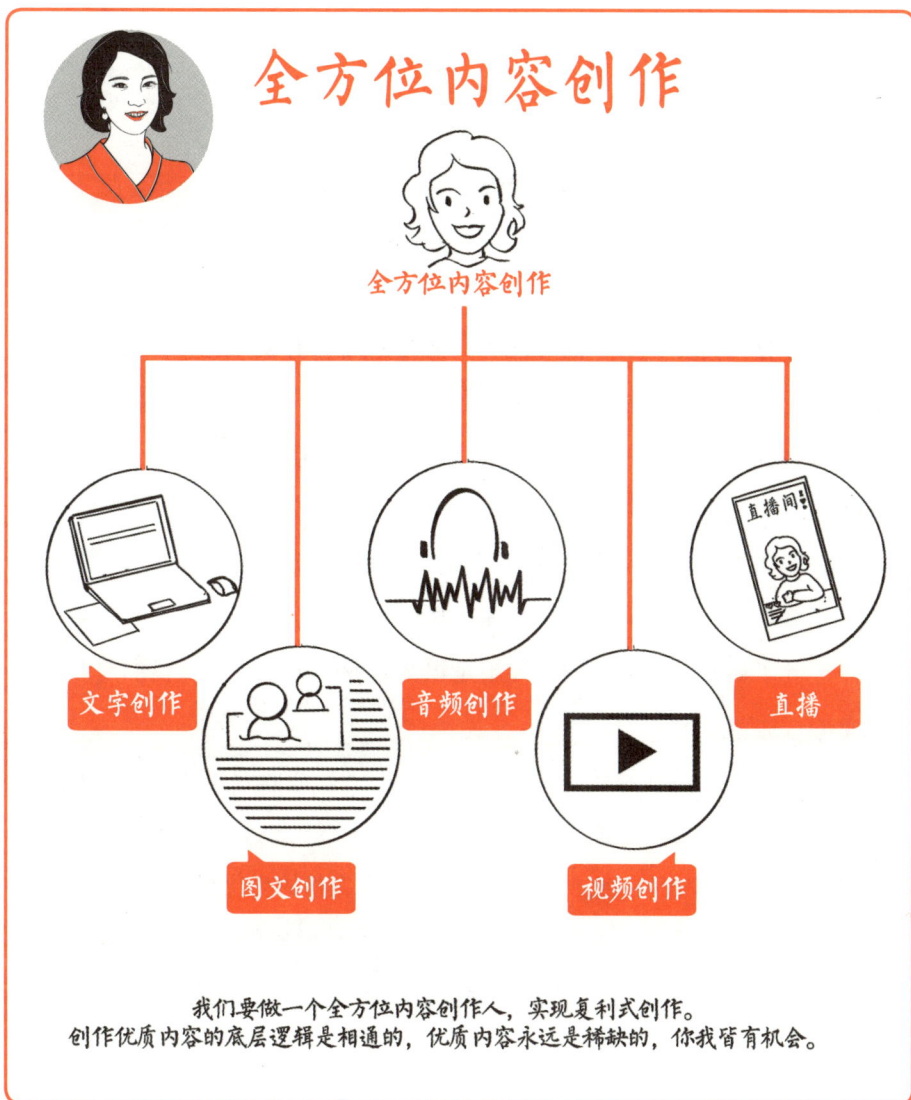

全方位内容创作

全方位内容创作

文字创作

图文创作

音频创作

视频创作

直播

我们要做一个全方位内容创作人，实现复利式创作。
创作优质内容的底层逻辑是相通的，优质内容永远是稀缺的，你我皆有机会。

📖 运营视频号，打造变现闭环

打造个人品牌，实现读书变现，一定要重视视频号。视频号除了创作视频内容，还可以直播带货，形成商业的闭环。每个人都可以开通微信小商店，通过直播带货实现商业变现。

大部分的商业模式，都可以用直播的方式重新来一遍。有很多品牌服装店、美食店等，都通过直播的方式在线上销售。我在小商店上架了所有线上课程，用户可以直接在直播间下单，而且在直播间报名的人越来越多。

开通了视频号，就相当于开了一家线上的小店。直播是开店营业，直播场观就是门店的客流。用户在直播间下单，就像是线下顾客在店里买单。开了店就要经常营业，而不是很久营业一次，所以，我们要形成稳定的直播频率。

我们可以通过视频号变现的金三角模型，打造商业变现闭环。通过视频内容涨粉获客，通过直播建立信任，用户通过小商店直接下单，实现直播变现。**将内容、直播、小商店形成一个完整的变现闭环**。

围绕自己的个人品牌定位拍摄视频作品，优质的内容会带来高的播放量。用户喜欢你的视频，就会关注你的视频号，使你的视频号实现涨粉。

真人出镜的直播，很容易建立信任。用户被你的直播内容吸引，就会留在直播间。直播间可以直接上架小商店的商品，直播过程介绍商品，用户有需求就会在直播间下单，实现直播变现。

想清楚这个逻辑，我决定2022年重仓视频号和直播。目标是完成200

个视频内容的创作，直播200多场。我的每一场直播，都会有用户报名课程，相当于只要开播了，就会有收入。

视频号除了创作内容，运营也非常重要。通过运营视频号，提高观看量和点赞量，点赞会帮助你破圈。充分利用原有的微信人脉积累，如微信好友、微信社群等，提高观看量和点赞量。

我们也可以创建直播粉丝群，直播间的新流量可以引流到这个群。我们要用心运营粉丝群，比如，发直播红包、抽奖等，提升社群活跃度。每场直播，我们要提前设置直播预告，在粉丝群提前预热和宣传，引导大家提前预约，提高直播的预约人数。

Tips --

不是厉害了才开始，是开始了才厉害。当你真正行动起来，会发现短视频和直播会给你带来全新的商业变现方式。

📖 如何突破卡点，躬身入局

很多人会觉得创作视频和直播比较难，不敢开始，也不敢真人出镜。其实，很多恐惧都是自己想象出来的，当你真正开始了，就发现并没有那么难。跟大家分享三个方法，帮你突破内心的卡点。

第一，把背包丢过墙，敢比会更重要

敢比会更重要，不要觉得自己没有做过，就不敢做。我们要把背包丢过墙，先开通视频号，设置直播预约，再想办法开启自己的第一场直播。

其实，我们并不是害怕直播本身，而是害怕外界对我们的评价，怕自己讲不好，怕别人的负面评价等。实际上，每个人都很忙，并没有那么关注你，也不一定有时间来看你的直播。

行动可以解决内心的恐惧和害怕，立刻行动起来，设置你的第一场直播的主题和时间。当你开启了直播，会发现直播一点儿也不难，还挺好玩儿的，相信你会爱上直播。

第二，拍短视频比写作更容易

短视频的创作并没有那么难，比如口播类的视频创作，比写作更容易，也更适合普通人。

写一篇文章，至少是1500字，从选题、收集素材、撰写初稿和修改定稿，至少需要两三个小时。而一条1分钟的口播视频，脚本大概是250—300字，很容易撰写。

把撰写脚本、拍摄、剪辑、发布等形成固定流程，并批量操作，速度会越来越快，效率也更高。我经常是批量拍摄短视频，一次拍8—10条短视频，大概需要2—3个小时。拍摄一次，就够两周的发布内容了。

第三，直播锻炼表达能力

直播的门槛更低，只要你有一部手机，随时可以开播。很多人直播的一个卡点是不敢真人出镜，怕自己不够好看。直播有美颜功能，在美颜滤镜下，大家都挺好看的。如果不想被同事、朋友、同学等熟人看到自己在直播，可以申请一个新的微信号，用新号开通视频号，来做直播。

一开始直播，先不用想着要实现直播变现，就把直播当作锻炼自己演讲表达能力的实战。**能力比结果更重要**。不要仅仅只关注直播的数据、直播带货的变现，更要关注自己能力的提升。

Tips

不管是阅读、写作，还是短视频创作，都要有长期主义思维，要有耐心，期待美好的事情发生。用"成长型的心态"来做直播，我们关注的是自己的成长，而不仅仅只看结果。

6.2
拍摄读书类视频，成为优质读书博主

我们可以通过创作读书类的视频，成为一位读书博主。用短视频的方式，给用户推荐好书，分享好书，影响更多人爱上读书。

📖 读书类视频选题，撰写脚本文案方法

跟读书相关的短视频的选题，是非常丰富的，我们可以分享和推荐好书，可以讲解书籍的核心知识点，还可以分享书单等。

读完一本书，既可以写书评、拆解稿、听书稿的文章，还可以拍短视频，以及直播讲书，用多种形式解读书籍的核心内容。还可以把自己写过的文章进行提炼和改编，拍成多条短视频内容。

我制作了短视频创作的选题表，可以结合这个表，来构思脚本文案的内容。接下来，我用清单体的方式，来介绍如何填写短视频创作选题表。

1. 确定视频主题

选题是创作视频的重中之重，选题对了，视频就成功了一半。选题一定程度上就决定了视频播放量，热门的选题，播放量就会比较高。

围绕书籍的选题，我们可以选择那些热门的书籍，或者跟最近的热

点相关的一些书籍作为短视频的选题。也可以结合用户的痛点来做选题，选择那些能解决用户问题和痛点的内容。也可以从你自己特别喜欢、给你带来巨大改变的书籍中寻找选题。

2. 撰写开头

确定好选题后，就可以开始撰写脚本文案。短视频的文案字数一般在250—400字之间，视频时长在1分钟到1分半钟之间。在写文案时，一定要简短精练，不要太啰唆。

视频开头的1秒钟特别重要，被称为"黄金1秒"。开头的第一句话，一定要非常吸引人，立马抓住用户的注意力。

开头可以用戳中痛点法，描述一个场景或者用户痛点，引起用户的共鸣。可以用提问引入法，开头提出问题，引发读者的思考和好奇心。也可以用故事引入法，讲述故事吸引读者。还可以用热点引入法，通过一个热点话题，吸引用户的注意力。

3. 撰写核心内容

中间的部分，是短视频的核心内容。可以讲2—3个核心的知识点，给用户带去新的认知，或者是提供高价值，让用户有获得感。

短视频的字数虽然比较短，但结构也要非常清晰。常见的结构有总分总结构；并列式结构；递进式结构；黄金思维圈Why，What，How结构等。

确定好结构，在写核心内容时，每个知识点1—2句话，每句话都要非常精练，用一两句话就要把观点和知识点讲清楚。

4. 撰写结尾

视频的结尾也非常重要，在结尾要给用户留下深刻的印象，用户就更愿意转发和评论。

结尾可以用总结点题的方式结尾，概括总结视频的核心思想，呼应标题或者是开头。可以用金句结尾法，用一个朗朗上口的金句，来强调核心观点，吸引用户转发评论。还可以用引导行动结尾法，呼吁用户行动和转发。

写好脚本文案后，一定要多读几遍，一边朗读一边修改。要用口语化的方式来讲述，书面化的方式会比较拗口。写好脚本文案后，再拍摄视频，就会容易很多，也会更加高效。

5. 发布视频后统计数据和复盘

视频拍摄、剪辑、发布后，要去运营视频，转发视频到朋友圈、粉丝群等，提高观看量和点赞量。

同时，也要去统计视频发布后的数据，观看量、点赞数、转发数、评论数等，通过分析数据来优化视频的选题、内容和拍摄。不断优化和迭代视频的内容，不断优化数据。

结合以上五个步骤，我们就知道怎么来填写短视频创作选题表了。我以自己的一个视频脚本作为示例，你可以作为参考，来填写自己的短视频创作选题表。

短视频创作选题表

推荐书籍：《微习惯》	拍摄形式：口播
选题类型：推荐好书	脚本字数：269

主题

微习惯，实现大目标
每天写 400 字，会发生什么改变

开头

每天早起写作，我已经坚持了五年多的时间。写完文章，我会看一会儿书

核心内容（2—4 个点）

1. 有一位读者给我留言说，接下来的一个目标，是在 100 天的时间里，读完 100 本书，写 100 篇书评，并且录制 100 个讲书的视频
2. 我们在设定目标的时候，不要设置那么难的目标，应该是小步快跑，不断迭代的方式。就是《微习惯》这本书中讲到的
3. 《微习惯》的作者，他从每天做一个俯卧撑开始，改变了自己的人生
4. 不管是读书还是写作，我们都可以从设置一个非常小的目标开始。比如，每天写 100 字，每天读一页书

结尾

目标非常容易实现，你做的时候就毫不费力
我们在设定目标的时候，可以采用微习惯的方式，从每天 1 分钟开始

视频数据统计

观看量：1.7 万	转发数：87
点赞数：323	评论数：20

我再分享一篇跟读书相关的脚本文案，这个是观点输出型的。标题：《读书，是最低成本的高贵》。观看量：2万。点赞数：422。视频脚本300个字，以口播和Vlog相结合的形式拍摄。

我们为什么要读书？因为读书是必备的生存技能。你遇到的任何困难，都可以在书中找到解决方案。

即使工作再忙，我也会利用早起的时间，在书桌前读书。

读书，对我来说，是一种享受。再好的学区房，也比不上你家里的书房。

我的写作社群有很多宝妈，她们在社群的影响下，爱上了读书和写作，也带着孩子一起读书。

有的学员孩子只有两周岁，已经看了上百本绘本了。

父母身体力行，自己真正热爱阅读，才能影响孩子喜欢阅读。

开始写作之后，因为要不断地输出，我每年的阅读量都在上百本书。

读书，让我有源源不断的写作素材。读完书之后，我还会写书评、拆解稿、听书稿，让读过的书发挥出10倍的价值。

读书是普通人逆袭、突破阶层固化最低成本的一条路。

读书类的短视频内容，也可以全平台分发，比如，发视频号、小红书、抖音、快手等平台。小红书上有很多的读书博主分享自己看过的书籍，以及读书带给自己的改变，很适合喜欢读书和写作的内容创作者。

短视频，也是展示个人品牌故事的非常好的形式。我们要去创作一些跟自己的个人品牌故事相关的短视频作品。

我们也可以发布一个自我介绍视频，让读者了解你是谁、你的优势。我在"弘丹说个人品牌"的视频号，发布自我介绍视频，用口播+图片的方式介绍自己。我置顶了这个视频，用户进入视频号主页，首先看到的就是这条视频，可以快速了解我。

　　也可以创作《一个普通女孩/男孩的十年》，让用户了解你的成长经历和故事。很多博主都创作了这个选题的视频，观看量和点赞量都很不错。

　　我发布的《一个普通女孩的十年》，有8.5万的播放量，2412个点赞，视频时长1分50秒，脚本558个字，是以图片+文字的方式呈现的。

　　我们也可以讲述自己的改变故事。比如，我用视频的方式，讲述了自己6点早起写作的故事，有6.7万的播放量，1573个点赞。

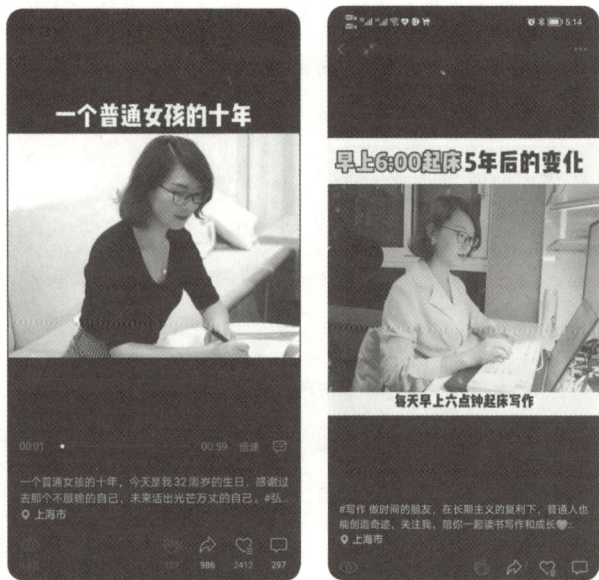

Tips

　　讲述自己故事的视频，或者观看量和点赞量比较高的视频，可以在主页置顶。用户进入你的主页，首先看到的就是你的个人品牌故事的视频，可以快速了解你，以及你的视频号的定位和分享的内容。

📖 拍摄口播类视频，剪辑视频的流程

口播的视频是我们最容易创作的视频形式，口播类的视频，拍摄和剪辑都很简单。读书类的短视频，可以以口播的形式为主，跟用户分享书籍的核心知识点。

可以从书中挑选出容易引起用户共鸣的知识点，用自己的话解读；也可以结合用户的痛点，分享书中的方法。基于书籍的视频创作，有源源不断的素材，同时也能给读者带去价值和收获。

拍摄的时候，选择一个安静的空间，以书架或者是背景布作为拍摄背景。也可以选择书店、咖啡馆等外景作为拍摄的空间。

在拍摄前，我们要提前写好脚本，用手机或者相机拍摄。如果是外景拍摄，我们尽量用收音器来收音，让视频的音质更清晰。拍摄时，我们可以自拍，也可以请他人帮忙拍摄。

每次拍摄视频我们都要化妆、搭配衣服等，前期的准备很花时间。我们可以批量拍摄，一次拍5—10个视频。一次拍摄，完成1—2周内要发布的视频。

我们批量拍好视频，再用碎片化的时间来剪辑。推荐用剪映、秒剪、快影等工具来剪辑。调整视频尺寸，设置视频的背景颜色，剪掉不合适的片段，配上字幕和背景音乐等。剪辑好视频后，再逐个发布到各大平台。

结合剪辑视频的步骤，我做了剪辑视频流程表，你可以作为参考和自检清单。

剪辑视频流程表

剪辑视频步骤

1. 导入视频到剪映

2. 调整视频尺寸和比例

3. 设置视频背景颜色，比如白色等

4. 调整视频上下的空间，视频居中，上面留空放标题，下面留空放字幕

5. 添加字幕，使用自动识别字幕的功能

6. 结合字幕，剪辑视频内容，删除讲错或不要的内容，也可以加一些特效

7. 设置和调整字幕的字体、颜色、大小，批量修改错别字等

8. 调整视频的音量，设置背景音乐

9. 设置视频封面图，添加视频的标题，或加入固定的结尾视频

10. 从剪映导出视频，保存在手机

11. 在视频号发布视频，写视频简介文案，添加公众号链接

6.3
直播讲书，成为优质读书主播

直播已经成为很多人的日常生活，打开朋友圈可以看到很多人都在直播。人人都可以直播，直播也是普通人运营视频号比较容易和省时的方式。而且直播可以打造商业闭环，实现直播变现。

📖 策划一场直播的流程，以及自检清单

直播已经成为日常，但我们不能随意打开视频号就开始直播，而是要精心策划直播，让每场直播发挥出更大的价值。

我们可以把直播分为直播筹备期、直播执行期、直播复盘期三个阶段。我用清单体的方式，来介绍直播的全流程。

第一阶段，直播筹备期。

1. 明确直播目的

每一场直播，都要有明确的目的。**我们可以把直播目的分为三种：直播涨粉、直播引流、直播带货。**每一场直播，围绕一个目的。

同时，要明确目标人群的用户画像，他们感兴趣的话题有哪些，他们的痛点是什么等。结合目标人群，来设计直播的主题和内容。如果是直播带货，要选择合适的带货商品，提前上架商品到小商店。

2. 准备直播内容

每场直播都要有明确的直播主题、直播时间、直播核心内容，以及确定分享嘉宾。如果是连麦直播，要提前确定连麦嘉宾和连麦分享的内容。

一场直播，可以分为四个阶段：开场互动、干货分享、互动引流、预告下一场直播和结尾总结。

在策划直播内容时，我们可以提前写直播的脚本和内容安排。以下的直播脚本，是我的一场八点一刻的直播，大家可以作为参考来写自己的直播脚本。八点一刻的直播，是纯干货分享，没有上架商品，所以流程中以干货分享为主。

时间	时长	人员	内容	互动形式
				每个环节之间会抽奖一次，赠送《精进写作》签名书、书籍盲盒等礼物
18:10	5—10m	弘丹	开场预热	和粉丝打招呼 简单介绍今天的直播内容
18:15	15m	弘丹	正式开场	欢迎粉丝来到直播间 介绍今天的直播主题以及引导粉丝互动 互动：如何来制订 2022 年的阅读计划
18:30	30m	弘丹	普通人为什么一定要读书，读书会带来什么样的收获？	弘丹分享：普通人为什么一定要读书，读书会带给我们什么样的收获 读书改变我们的思维，读书提升职场软技能，读书让我们的人生不寂寞 以书籍《终身成长》为例，来说明读书带给我们的改变
19:00	30m	弘丹	每天 10 分钟，让读书改变生活	弘丹分享，10 分钟读书法，每天碎片化时间读书，让读书成为生活方式，读书改变生活 以《小狗钱钱》为例，来讲解 10 分钟阅读法
19:30	30m	弘丹	费曼学习法，以教为学的读书法	弘丹分享：费曼学习法，以教为学的读书法 介绍什么是费曼学习法，以及如何使用费曼学习法 以《拆掉思维里的墙》为例，来讲解费曼学习法
20:00	30m	弘丹	输出倒逼输入，让你读过的书发挥 10 倍价值	弘丹分享：输出倒逼输入，让你读过的书发挥 10 倍价值 以《有钱人和你想的不一样》为例，来讲解输出倒逼输入，让你读过的书发挥出 10 倍的价值
20:30	20m	弘丹	总结和粉丝互动	总结今天的直播主题和分享内容 跟粉丝互动，带大家一起复盘和评论区回复
20:50	5m	弘丹	结束语	感谢粉丝的陪伴支持 引导大家关注"弘丹写作"视频号，一起终身阅读、终身成长

3. 设计直播海报

确定好直播内容后，就要设计直播海报。直播海报设计的要素，包含直播主题、个人形象照、个人的三个标签、直播亮点、直播时间、直播地点，以及视频号二维码，用户扫码就能预约直播。

4. 直播预热

每场直播都要进行预热，增加预约直播的人数。设置好直播预告后，可以在朋友圈预热宣传，在社群发布预约海报。也可以在公众号插入直播的预约名片，读者在阅读文章时就能预约直播。比较重要的直播，也可以用企业微信给用户发直播海报的私信，吸引用户预约直播。

直播预约的人数越多，开场时直播的场观和同时在线人数就会越高，直播人数多直播的氛围也会更好。比如，我有一场直播，预约人数达到3874人，开场进入直播的人数就比较高，直播刚开始就有732人同时在线看直播。

5. 小商店上架商品

如果你的直播目的是直播带货，就要提前将商品上架小商店。制作商品的封面图、详情页，上架商品。所有上架的商品，都需要审核，审核通过后才能上架直播间。直播时，除了带货自己的商品，也可以通过"我要带货"的功能进行带货。

6.物料准备

每场直播，都需要准备一些物料。比如，抽奖礼物最好是能有实物的展示。直播时会使用一些小道具，比如KT板等，我们要提前设计制作好。要用到一些其他的物料，我们也要提前打印好。

第二阶段，直播执行期

1.开播前检查清单

开播前，要搭建直播间，比如，直播间的布景、灯光、直播支架、充满电的手机等。把准备好的物料放在主播的身边，方便主播随手可以拿到。

开播前，上传直播的海报作为封面图，填写直播主题，直播的封面图不能包含二维码、上架本场直播会讲解的商品。每次开播前，都要进行开播检查，不要遗漏重要的环节。

2.直播的流程

直播的流程，可以结合在直播筹备期写的直播脚本，按照准备的内容来进行分享。直播的时候，大部分时间，都是干货分享，给用户提供价值，跟用户互动。

同时，也要做一些吸粉、引流、销售等的动作。吸引用户转发直播间，设置福袋给用户抽奖，推送下一场直播的预约名片，评论区跟用户互动，介绍商品带货销售，引导用户关注视频号，送福利吸引用户添加企业微信等。

第三阶段，直播复盘期

1.直播数据复盘

直播结束，要进行直播数据复盘。统计本场直播开播前的预约人数、场观人数、同时在线人数、平均观看时长、新增关注人数、喝彩次数、总热度、加微信人数、成交总金额等。通过复盘和统计数据，了解本场直播的效果，并进行优化和迭代。

2. 优化和迭代

直播结束，要去总结经验，优化和迭代。总结做得好的地方，下次继续保持；做得不好的地方，想好如何优化，是否要更新SOP，下一次直播的行动清单等。每次直播都去复盘，就可以不断升级自己的直播技能，让直播带来更好的效果。

我把直播的流程，也整理成了流程图，你可以作为参考。

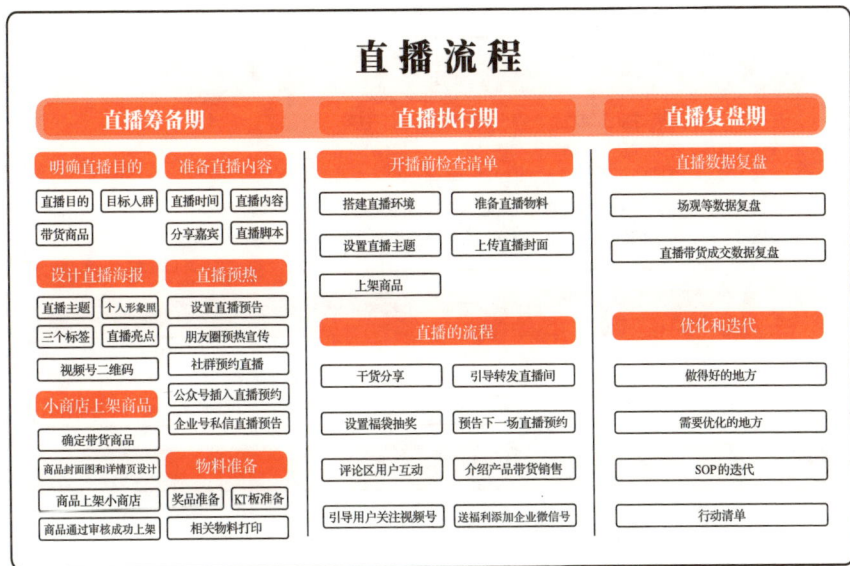

直播流程

直播筹备期	直播执行期	直播复盘期
明确直播目的 / 准备直播内容	开播前检查清单	直播数据复盘
直播目的 目标人群 / 直播时间 直播内容	搭建直播环境 准备直播物料	场观等数据复盘
带货商品 / 分享嘉宾 直播脚本	设置直播主题 上传直播封面	直播带货成交数据复盘
设计直播海报 / 直播预热	上架商品	
直播主题 个人形象照 / 设置直播预告		优化和迭代
三个标签 直播亮点 / 朋友圈预热宣传	直播的流程	做得好的地方
视频号二维码 / 社群预约直播	干货分享 引导转发直播间	需要优化的地方
小商店上架商品 / 公众号插入直播预约	设置福袋抽奖 预告下一场直播预约	SOP的迭代
确定带货商品 / 企业号私信直播预告	评论区用户互动 介绍产品带货销售	行动清单
商品封面图和详情页设计 / 物料准备	引导用户关注视频号 送福利添加企业微信号	
商品上架小商店 / 奖品准备 KT板准备		
商品通过审核成功上架 / 相关物料打印		

我整理了我的直播流程表和检查清单，给大家作为参考。大家可以打印这个自检清单，或者总结自己的直播流程表和自检清单，打印出来。每次直播按照这个流程去筹备、执行和复盘，就会更顺畅、更高效，也不会遗漏重要的环节。

直播流程表和检查清单

直播前准备步骤

1. 明确直播目的，是涨粉、引流还是带货。每一场直播，都要有明确的目的
2. 上架合适的商品。提前在小商店上架商品，包括封面图、详情图、文字介绍等内容
3. 直播预约和宣传。主页设置直播预约，在朋友圈、社群等宣传，公众号添加直播预约名片
4. 做好直播海报。提前2—3天在朋友圈、社群等宣传，提前邀请大家预约直播
5. 直播内容准备。提前准备直播的脚本、直播内容以及抽奖礼物，直播物料等

开播前检查清单

1. 搭建直播间环境，准备好直播支架、镁光灯等工具，手机充满电
2. 准备好直播物料、KT板、抽奖礼物等，放在主播边上，随手可拿
3. 开始直播时，上传直播海报作为封面，填写直播主题，直播封面海报不能包含二维码
4. 上架本场直播会讲解的商品，并准备好实物展示的样品

直播时流程

1. 开播后，转发直播链接到朋友圈，同步转发直播链接到社群
2. 直播过程中，不能涉及一些敏感词和违禁词
3. 大概20—30分钟抽奖一次，使用抽奖福袋来抽奖
4. 直播过程，多次预告下一次直播时间，让用户在直播间完成下一场直播的预约
5. 直播带货时，可以结合用户的痛点，详细介绍商品的卖点和优惠活动等

直播数据统计

场观人数		最高在线		平均观看	
喝彩次数		新增关注		总热度	

直播结束后复盘

1. 根据直播数据统计、分析本场的数据表现
2. 复盘本场直播直播间的氛围、用户互动、自己的演讲表达能力等
3. 复盘本场直播的成交数据、用户下单的商品，以及成交的时段等

下一场直播优化清单

1. 直播内容和直播销售讲的话术如何进行优化
2. 直播的氛围、用户互动、演讲表达能力如何优化
3. 直播的成交数据和成交金额如何优化达成更高的目标

运营视频号，我们可以用视频号助手。搜索"视频号助手"，或者直接输入网址：https://channels.weixin.qq.com，扫码登录。视频号助手有很多功能，比如电脑端发布视频、绑定运营人员、数据统计等。

Tips

直播时可以团队协作，直播助手可进行上架商品，设置福袋抽奖、上墙留言等操作，减轻主播的工作量。直播结束，可以在视频号助手的后台详细查看直播的数据，进行统计和分析。

📖 直播讲书四步法，成为直播讲书达人

我们可以结合书籍创作视频的内容，也可以结合书籍的内容，进行直播讲书。

直播讲书，不仅是为了打造个人品牌，或者直播变现。每次直播，都是倒逼自己认真读书，也是在刻意锻炼演讲表达能力。从这两个维度出发，我们也要经常做直播讲书。

直播讲书，有两种形式，第一种是类似听书稿的形式，一次直播把一本书的核心内容解读给大家听。我的大部分的直播讲书，是类似听书稿的形式，一次直播2个小时左右，解读一本书的核心内容。

第二种形式是类似拆解稿的形式，把一本书分成多次直播来讲解，每次直播解读其中一个章节的内容。我的团队成员琪琪是用拆解稿的方式来讲书，把一本书拆解成多场直播。她在视频号"琪琪弘丹写作营"累计直播讲书100多场。

直播讲书比写拆解稿和听书稿容易，因为只需要准备大纲、核心内

容和典型案例就可以，不需要写逐字稿。

我们可以通过四个步骤，来准备一场直播讲书。

第一步，深度阅读书籍

提前1—2周确定要讲的书籍，花时间深度阅读这本书，至少阅读两遍。第一遍用快速阅读法，筛选书籍的核心内容；第二遍深度阅读法，读透这本书，标记重点章节和重点内容。

第二步，制作直播讲书的海报，提前宣传

如果希望有更多人来听我们的直播讲书，就一定要提前宣传和预热。提前做好直播海报，提前在朋友圈、社群里宣传，让更多人来预约直播。

第三步，撰写直播讲书的大纲

在直播前，填写直播选题表，写好直播大纲。我是结合听书稿的大纲的形式，来准备直播讲书的大纲。三个核心知识点的每个部分，都会总结一些具体的方法，以及案例，直播的时候详细讲解每部分的内容。

第四步：正式直播讲书

在直播讲书前，再看一遍书，熟悉下讲书的大纲和案例，以及一些知识点。讲书的时候，可以做到融会贯通。

直播的时候，不仅是分享干货，跟听众的互动也非常重要。在直播讲书时，可以加入一些案例，多讲一些自己的故事，以及自己读完书后的收获，更能引起听众的共鸣。

以上就是直播讲书的四个步骤，每次直播的时候，可以根据这四个步骤来准备自己的直播讲书。

在直播的过程中，我们要多跟用户互动，让用户在直播间待更长的时间。可以通过以下这些方式，增加跟用户的互动。

第一，每次直播设置抽奖

我每次直播，都会挑选一些精美的礼物，送给直播间的观众。比如，

《精进写作》签名书、定制的四季手账本、书籍盲盒等。也会设置锦鲤红包，作为抽奖礼物。

比较重要的直播，可以准备更具吸引力的抽奖礼物，比如迪奥口红、谭木匠的桃花梳等。通过设置福袋的方式来抽奖，用户点击福袋就可以参与抽奖。直播结束给中奖的观众发红包或寄出礼物。

第二，精彩的留言上墙，增加用户留言的积极性

在直播过程中，可以让用户多转发、多留言、多互动。一些精彩的留言可以上墙，增加用户的曝光量。还可以跟活跃的用户互动，回答大家的问题。通过互动提问的方式，用户听直播也会更加专注，在直播间停留更长的时间。

第三，引导用户在评论区发金句

书里一些比较容易引起共鸣的金句，可以引导用户发在评论区。一方面加深用户对这些金句的印象，另一方面也可以增加互动性和参与评论的人数。直播过程可以预告下一次直播的时间，推送下一场直播的预约链接，让用户在直播间里就完成下一场直播的预约。

我设计了直播讲书的选题表，大家可以结合这张表格，来准备自己的直播讲书的内容。直播选题表主要填写：直播的物料准备、直播大纲、直播的核心内容、书籍金句等内容。直播结束，再复盘下直播的数据，以及整场直播的效果和下一步的行动等。

我用清单体的方式，简单介绍下如何来填写直播讲书选题表。

1. 确定书籍和讲书的主题

每场直播都要确定直播讲书的主题，结合主题来制作直播讲书的海报。同时，也准备相应的物料，比如纸质书籍、抽奖的礼物、KT板等。

2. 提炼直播的核心内容

准备直播的核心内容，可以按照章节来写直播的大纲和每章节的核心内容。也可以像听书稿的大纲，提炼书籍的三个核心知识点，结合具体的案例来讲解。

3. 筛选书籍的金句

摘录一些书籍的金句，可以在直播的过程中跟听众互动，或者让听众在评论区回复金句。金句往往是朗朗上口的，能够给听众留下深刻的印象，所以，我们可以提前筛选几个金句，写到选题表里。

4. 直播数据统计

直播结束后，要统计和记录直播数据。每场直播结束，视频号都会显示直播数据，分别是：场观人数、最高在线人数、平均观看时间、喝彩次数、新增关注、总热度。我每场直播都会截图保存直播数据，并登记到表格里，定期分析数据。

5. 直播后复盘和直播优化清单

做完直播，要进行直播的复盘，这样可以从每一场直播中萃取宝贵的经验。同时也要写下一场直播的优化清单，这样下一场直播可以做得更好。我们通过不断迭代和优化，让直播效果越来越好。

随书附赠的小册子里，有直播讲书选题表，大家可以参考这个案例，来填写自己的直播讲书选题表。

直播讲书选题表

书籍：《时间的格局》	直播物料：KT 板、书籍、手账本
抽奖礼物：红包、签名书、手账本	直播时长：2 个小时

直播讲书的主题

时间投资法，让你的时间发挥 10 倍价值

直播核心内容

1. 为什么要讲《时间的格局》这本书
2. 《时间的格局》创作背景和故事
3. 介绍《时间的格局》的主要内容、整体概况
4. 重点讲解三个核心知识点
   （1）思维重构法，走出自身思维的局限，重点讲绿灯思维
   （2）时间投资法，让每一分钟为未来增值，重点讲时间投资三步法
   （3）高效行动者，用行动改变自己的生活，重点讲 POA 行动力公式
5. 三个核心知识点的每个部分，都会讲一些具体的方法和案例，详细讲解每部分的内容
6. 总结和互动，回答用户的问题等

书籍的金句

激情只能点燃梦想，习惯才能成就理想
每一次拼尽全力，都会让你离自己的梦想更近一步
唯有梦想，才配让你焦虑；唯有行动，才能解除你的焦虑

直播数据统计

场观人数	6848	最高在线	457	平均观看	2 分 20 秒
喝彩次数	4.4 万	新增关注	89	总热度	1391

直播结束后复盘

1. 在七夕节直播，获得了系统的推流，观众总人数 6800 多人，同时在线人数 457 人
2. 在新流量比较多的时候，要引导用户关注视频号，赠送资料加企业微信，提升新增关注数据

下一场直播优化清单

1. 在直播讲书过程中，多跟用户互动，增加评论数和点赞数，吸引更多的用户转发直播
2. 在直播讲书的过程，上架课程链接，可以软植入课程的介绍，用户感兴趣可直接下单

直播讲书，我们可以大幅降低直播的难度，不用担心没东西可讲，也不用焦虑讲什么内容，结合书籍的内容来做直播就可以。直播的形式，自由发挥的空间比较大，还可以跟听众互动，分享自己的观点和阅读收获。用户喜欢你的内容，也会下单你的课程。有不少用户，在听我直播讲书时，来报名年度会员课程。

Tips

直播讲书时，也是可以直播带货的。挂上小商店的链接，用户只要在看直播，就可以看到商品链接，对商品或课程感兴趣，就可以在直播间下单购买。也可以挂书籍的购买链接，读者感兴趣就可以在直播间下单购买。

视频号直播连麦，互相赋能

除了自己直播，我们也可以跟其他主播连麦，让直播的内容更丰富。直播连麦，是互相赋能，也是破圈的一种方式。直播连麦，也是互相推荐关注的方式，实现视频号涨粉。跟大咖连麦，还可以提升自己的势能。

直播连麦的准备流程，跟自己直播的流程是类似的，增加的部分，是跟连麦嘉宾沟通和确认的步骤。我简单来介绍下跟直播连麦相关的几个步骤。

1. 确定连麦嘉宾和连麦主题

连麦直播，首先要确定连麦的嘉宾。连麦的嘉宾，你可以主动邀请。每一次连麦直播，都是一次深度的访谈，可以增加对彼此的了解，加深彼此的感情。

我们可以从三个维度来邀请连麦嘉宾。一是邀请大咖或老师来连麦。

我们每个人都有自己跟随学习的老师，一些重要的直播，可以邀请大咖或者老师来助阵直播，提升自己的势能。二是邀请关系好的朋友或社群同学来连麦，我们的写作社群，大家就经常互相邀请连麦直播。三是邀请优秀学员来连麦，给学员赋能和增加曝光量，或者是直播现场解决学员的问题和卡点。我累计跟50多位学员连麦直播，邀请学员分享自己的成长故事，并现场解答他们的疑问和卡点。

确定好连麦嘉宾后，就需要确定直播的主题。不管是连麦一个人，还是连麦多个人，都是围绕一个主题来分享。提前跟嘉宾确定直播的主题，并做好连麦的直播海报，在朋友圈和社群里，提前宣传和预热，提高预约直播的人数。

2. 跟嘉宾提前沟通分享的内容和问题清单

直播前，我们要跟连麦嘉宾提前沟通下直播要分享的内容，并准备问题清单发给对方，提前了解直播中会聊的一些问题。

直播时可以是自己提问，嘉宾分享的形式，也可以是互相提问的方式。直播的过程，不一定完全按照提前准备的问题来提问。因为观众会互动，也会在评论区提问。可以结合嘉宾的分享和观众的提问，做一些调整和灵活提问。

把连麦直播当作一场聊天和交流，用轻松的心态来直播。直播连麦也是特别好的学习机会，每一位嘉宾的分享，都会给自己带来启发。

3. 如果第一次连麦，可以简单做个连麦测试

如果连麦嘉宾之前没有做过直播，那在直播前一定要跟嘉宾进行直播测试，了解直播的流程。如果对方经常做直播，就不需要提前测试。

直播前要知道连麦嘉宾的账号昵称，在连麦时搜索账号昵称发起连麦，也可以邀请连麦嘉宾来发起连麦申请。正式连麦直播的过程，跟我们自己直播是类似的，就不再详细赘述。

在2021年，我策划了几十场直播连麦。有跟300万册畅销书《拆掉思维里的墙》的作者古典老师连麦，跟实践家教育集团董事长林伟贤老师连麦，跟资深领导力发展顾问古京丽老师连麦等。

我的团队核心成员琪琪，策划了上百场连麦直播。琪琪工作日每天早上都会连麦一位年度会员，邀请他们来分享自己的写作成长故事。周日是专场连麦，一场直播会连麦3—4位学员。我们策划过50多岁的乘风破浪的姐姐们的连麦直播，策划过上稿直播的专场，邀请上稿达人们分享上稿故事，还策划过演讲比赛的决赛连麦直播等。

很多同学，不敢迈出直播的第一步，通过跟琪琪连麦突破直播卡点。连麦结束后，很多同学就敢于做直播了。我们的学员之间，也会互相邀请直播连麦，互相采访，分享彼此的故事，自己获得提升的同时，也可以加深彼此的感情。

Tips -

连麦直播，也是视频号直播非常重要的一种形式，大家也可以多邀请自己的好朋友，以及社群的小伙伴们，一起连麦直播。

- -

6.4
直播带货，实现直播变现

　　在视频号，每个人都可以开通小商店，直播的时候就可以实现直播带货。结合自己的个人品牌定位，设计商业模式，并在直播的时候实现商业变现。

📖　直播带货变现，形成商业闭环

　　现在用户越来越习惯在直播间下单购买产品或报名课程，所以直播带货的方式，也是读书变现的重要方式之一。

　　直播带货，主要是两种形式。第一种形式，是卖自己的产品或者课程。第二种形式，是带货其他商品，以佣金的形式获得收益。

　　第一种形式，需要自己有产品或者是课程，比如，我直播的时候，都是带货自己的课程。第二种形式，是直播带货，获得佣金收益。在小商店的"我要带货"，有非常丰富的货源，你可以挑选自己认可的商品进行带货。比如，直播讲书时，就可以从"我要带货"上架这本书，然后在直播的时候挂上这本书的购买链接。

　　要直播带货的话，需要先开通微信小商店，花1分钟时间就可以开通。搜索"微信小商店"的小程序，根据步骤注册小商店，再上架商品。

我们可以通过直播带货，增加商品的销量，食品、美妆、日用品、服饰、母婴等全品类都适合用直播的方式带货。

很多读书主播在直播卖书，在直播间以优惠的价格推荐好书，用户直接在直播间下单买书。很多知名IP也在直播卖书，比如樊登老师、俞敏洪老师等。

我在视频号直播讲书时，也会在直播间挂上购书链接，用户喜欢这本书，就可以直接在直播间下单购买。直播讲书时，虽然介绍课程的时间很少，是软植入，但也经常有用户直接在直播间下单报名课程。我通过视频号直播，累计直播带货100多万元。

在2022年的6月10日，我们策划了连续10个小时的直播。直播间的场观达到7.9万，点赞突破13.3万，直播间的GMV突破26.68万元。在直播期间，我们也做了预售，可以用300元定金，预定2023年度会员，GMV和预售总计突破50万元。

　　登陆视频号助手的后台页面，就可以看到直播的数据。比如，基础数据、互动数据、送礼数据和电商数据等，可以看到具体的成交金额，还可以下载直播的回放。

　　在618活动期间，我们用两周时间，直播间累计成交额达50多万元，2023年度会员的预售总计也达50多万元。**所以，读书主播也很适合通过视频号直播打造商业闭环**。在直播间成交和带货是趋势，我们一定要顺势而为。

　　知识型主播也越来越受欢迎。2022年6月，新东方的"东方甄选"直播间爆火出圈，独特的双语带货模式，吸引了很多用户涌入直播间，粉丝量爆发式增长。

　　在爆火的这一周涨粉200多万，单场直播销售额破千万。很多用户进入直播间，直呼"这是进来就走不出去的直播间""看个直播还能学英语"，一边看直播买东西，一边听课学英语。这也给我们读书主播特别大的信心，知识型带货也是一种直播带货的方式。

　　如果你有自己的产品或课程，一定要开启视频号直播带货，开拓直播变现的收入管道。即使你暂时还没有自己的产品或课程，也可以通过"我要带货"等形式，推荐别人的产品或课程，获得佣金，这也是直播变现的方式。

Tips

　　大部分的商业模式，都可以用直播的方式，重新来一遍。所以，一定要去思考，你当下的商业模式，如何跟直播相结合。好好直播，好好经营自己的这家线上小商店。

📖 直播引流私域，直播建立信任

除了直播带货，直播也是非常好的引流方式。在直播的时候，可以推送企业微信的名片。我们可以赠送一些资料或福利，引导用户加我们的企业微信。我重要的直播，基本都会有上百人加我的企业微信。

我们也可以创建直播交流群，邀请用户到免费的直播交流群，每次直播，都可以把直播链接发到直播交流群。同时，在直播交流群里，我们要多跟用户互动，建立信任。

通过直播引流，把用户从视频号的公域流量，引流到个人微信的私域流量。用户在私域流量多次触达，说不定就会付费报名我们的课程。

直播也是跟用户建立信任的方式。用户可以直接看到我们的真人，以及我们的状态，更容易产生信任。信任是产生付费关系的前提条件之一。

直播也可以打造个人品牌，通过多次直播，让用户更了解你，提升个人影响力。直播还会带来新的商务合作，通过直播展示自己和展现产品，带来新的商务合作机会。

直播除了带来商业价值，也可以提升个人能力。直播可以锻炼我们的演讲表达能力、镜头感和与他人的互动能力等。我们可以通过直播的方式，跟用户建立信任和深度连接，用直播陪伴用户成长，解答疑问。

直播是非常重要的趋势，我们一定要抓住红利期，多做直播，以稳定的频率做直播。争取每次直播，要么涨粉，要么引流，要么带货，让每一次直播都能产生更大的经济效益。

直播也是我自己个人品牌打造非常重要的一个环节。我一直在持续做直播，也欢迎大家关注我的视频号"弘丹写作"，经常来听我的直播讲书和干货分享。

07

第七章　■ Chapter 07

读书社群变现：
如何打造线上读书社群

7.1
打造线上社群，用心陪伴用户成长

2015年，我做得最正确的决定，第一是从零开始写作，第二就是决定做社群。

如果没有做社群，我不确定自己是否可以坚持写作，毕竟一个人写作是很容易放弃的。因为做社群，会聚了一群热爱写作的小伙伴们，我作为群主要做大家的榜样，倒逼我自己坚持写作。最终，我还把写作的兴趣爱好变成了事业。

我们每个人都可以去创建属于自己的社群。在这个章节，我会跟大家分享我是如何做社群的。

📖 如何从零开始，打造线上社群

2015年的6月，我正式注册了公众号，也注册了简书的账号，开始公开写作。在2015年的7月，我就开始运营自己的社群。

当初运营社群的目的非常简单。我看到很多人都有写作的想法，却没有行动，我就想带着大家一起来写作，因此创建了百日写作的公益社群。

2015年7月，我在公众号发布了百日写作社群的招募文章。那时候，我是素人作者，没有知名度，没有影响力，也没有个人品牌。我的初心打动了一些人，文章发出去，就有人报名。

第一期百日写作的公益活动，有20多人报名。我们每天在社群里写作打卡，周末还约线上的QQ会议，一起交流写作过程中遇到的问题。因为有社群的陪伴，很多人都达成了日更100天的目标。

写作的第一年，几乎没有带给我经济上的收益，但第一年的写作对我意义重大。写作让我从三分钟热度，成为一个能坚持的人。更重要的是，这一年坚持下来，让我深深爱上了写作。

第二年，我在写作上就取得了一些成绩，比如，成为简书等多个平台的签约作者。我依然在做公益的百日写作活动，总共做了6期。

2016年的7月，我正式开启了付费训练营"21天零基础写作训练营"。从2015年到2022年，我们做了100多期不同的写作训练营，做了5年的年度会员社群。在社群经营这件事上，我积累了7年的实战经验，打造了多个百万营收的社群。

很多人觉得做社群离自己很遥远，其实我们每个人都可以做自己的社群。比如，你喜欢读书，可以做自己的读书社群，带着大家一起读书。你喜欢运动，就可以做运动打卡社群，带着大家一起运动。你喜欢直播，就可以做直播粉丝群，让直播间的粉丝们加入你的直播群。

读书社群，也是读书变现非常重要的方式之一。读书社群可以带来不错的副业收入。比如，做一个读书训练营，21天的时间，价格是399元，有50人报名，那么这一期训练营，营收将近2万元，除去运营费用和社群的礼物等，收益至少有1万多元。如果你有一份本职工作，在业余时间做读书社群，主业和副业的收入加在一起，还是挺可观的。

我做了多个跟读书相关的训练营。2017年，我开始做线上的读书训练营"30天听书稿写作训练营"，累计开设了20多期。2021年，我上线了

"弘丹早起读书会"的年度读书社群，一年畅听52本书，大家一年可以观看我的52场直播讲书，还有一整年的读书社群陪伴。这个栏目，截至目前，已经上线了100多本音频解读书籍，以及60多场直播讲书。

2021年，我开设了主题类读书训练营"28天弘丹财富读书会"，带着大家共读4本经典的财富书籍，有4节财富的直播分享课程，以及"线上云摆摊"等丰富的活动，帮助大家突破财富卡点，勇敢销售自己的产品。

我的一位零基础写作营的学员，她很喜欢读书，每年阅读100本以上，通过读书不断提升自己的能力，也改变了自己的状态。她组织公益线下读书会，每周举办一次读书活动，累计做了100多场公益活动，也因此积累了很多高黏性的用户。

后来她就辞职成为自由职业者，专注做线上的读书训练营。通过开设读书训练营，她从职场人士变成自由职业者，并影响了很多人爱上读书。她的读书训练营已经运行2周年，她也出版了自己的第一本书。这就是读书带来的改变，她将读书这个兴趣爱好变成了自己的事业。

Tips

从零开始打造线上社群并不难，你也可以做到。期待你打造属于自己的线上社群，用社群的力量影响更多人。

7.2
打造线上社群，要突破5大卡点

很多人想要打造自己的线上社群，却不敢行动。一些内心的卡点，阻碍了大家的行动。我总结了打造线上社群的5大卡点，我们一起来突破这些卡点。

📖 卡点一，不好意思收费

很多人存在不好意思收费的卡点，自己的专业能力很强，也能够提供巨大的价值，但就是不好意思收费。他会为别人提供很多的帮助，利用自己的专业所长解决别人的问题，但从未想过，自己可以通过专业所长来创造收益。

价值决定价格，你能给用户创造价值，就可以收费。而且很多时候，你不收费，别人就感受不到你的价值，他们会觉得你就是顺便帮个忙，并不会珍惜你的时间，以及你提供的帮助。

想要打造自己的线上社群，首先要突破的，就是不好意思收费的卡点。如果你担心收费了报名的人比较少，可以先从低价开始收费，再以阶梯涨价的方式逐渐涨到跟你提供的价值相符的价格。

付费是一种筛选。可以筛选出真正认可你、愿意长期跟随你学习的人。当你收到第一位用户的付款，就会极大提升自信心，就敢于收费了。

打造线上付费社群，你是根据结果拿酬劳，而不仅仅只是一份固定的薪水，你就有机会创造更多的财富收入。

📖 卡点二，定价过低

定价指的是，给商品和服务制定价格。很多人开设线上课程或者社群时，往往会定价过低。

好的定价能够促进产品的销售。所以，定价非常重要。我们要定一个合理的价格，既能体现你的价值，又能带来好的销量。

定价过低的这个卡点我也经历过。2016年我开设第一期写作营，定价是99元，连续开设了好几期，才涨价到199元。零基础写作营，经过这几年，逐步涨价到699元。跟同类产品相比，我的定价还是比较低的，性价比超级高，因为很多写作训练营，已经收费1000元以上。

我的一位一对一私教学员，是资深的出版编辑，有十多年的专业积累。她在"在行"上开通了一对一咨询，问我定价的事情。她一开始的定价是199元一小时，我说："这个定价太低了。你提供的是10多年经验积累的极具价值的出版咨询服务，定价199元，用户反而感受不到你提供的价值。"

定价低了，高端用户反而不会来。有能力出版书籍的人，自己的专业能力和支付能力，都是比较强的，他们的时间很宝贵。定价199元一小时的出版咨询，他们会犹豫自己是否要咨询，如果他们认为收获不大，自己的这一个小时就浪费了。

能够提供超值交付，就可以定高价。价格的高低，不能只看单价，还要看你提供的服务和给用户创造的价值。比如，有一些咨询顾问，可能一句话就为客户创造上百万元的营收。所以，他收几万元的顾问费，是非常合理的。我们每个人的时间和精力都是有限的，所以我们要去服务那些有潜力的客户、重视我们的客户。

📖 卡点三，低估专业价值

很多人并没有意识到，自己的专业所长，是可以创造价值的。

突破"知识诅咒"，用专业创造价值。 很多人会陷入"知识诅咒"，觉得自己知道的，别人也知道，其实并非如此。隔行如隔山，你的专业所长，也许是别人的盲区。所以，我们要发挥自己的专业所长，用专业创造价值，创造财富收益。

不要低估了自己的专业，也不要轻易放弃专业积累。 不要轻易从零开始，而是要思考过去哪些技能、经验是可以复用的，是可以创造价值的。要发挥自己过往的经验积累，知识和能力都是可以迁移的。

比如，学员希言原本是在一家知名房地产企业工作，业余时间写作，出版了一本书，上稿十点读书等大平台上百篇10万多阅读量的文章。一开始，她想转型做新媒体编辑，但这样就要放弃自己在房地产的工作经验。

后来她遇到一个机会，是做房地产自媒体的主编，既可以发挥她在房地产企业的经验，又发挥了自己擅长写作的优势，而且门槛也更高，更有竞争优势。

要发挥优势和专业价值，来创造财富收入。 如果你是某方面的专家，就可以靠自己的专业能力创造收益。比如，写作是我的专业所长，我靠写作创造了收益，还将写作变成了我的事业。如果你擅长书法、水彩、唱歌等，这些专业所长，都可以为你创造价值。很多人实现兴趣变现，就是结合自己的兴趣和特长，开发产品，创造收益。

卡点四，不好意思销售和推广

很多人不好意思在朋友圈分享自己的课程或产品，甚至连发朋友圈都不好意思。

想要打造个人品牌，实现兴趣变现，一定要敢于去分享，分享就是影响力。如果你不分享，别人怎么来了解你，怎么来了解你的课程或者产品？

作家哈维·艾克总结了有钱人和穷人17种不一样的思维方式，其中一种就是关于推销。他说："有钱人乐意宣传自己和自己的价值观，穷人把推销和宣传看成不好的事。"

不愿意推销的人，是不相信自己，也不相信自己的产品。当你没有真正相信自己，相信自己的产品，也就不敢去推销。所以，建立底层自信心，是你迈出推销的第一步。

大大方方销售，认认真真做好产品和服务。销售就是把自己觉得有价值的产品，分享给需要的人。用户自己有判断能力，如果需要你的课程或产品，自己会决定是否下单购买。所以，分享是你的事，购买是用户的事。你首先要做好自己应该做的事情，每天坚持分享和销售自己的产品或课程。

如果你的产品或服务很好，你有责任和义务让更多人知道。如果真正相信自己的产品或服务一定可以帮助很多人，你就要敢于去推荐和销售。但如果你不去分享和销售，用户即使需要你的课程或产品，他也不知道可以从你这里购买。

我和琪琪每年发1000多条朋友圈，每天至少发3条，几乎不会中断。发朋友圈，是我们非常重要的日课之一。当你不断去分享，不仅可以帮助别人，还可以获得财富收入。

Tips --

我们可以用一种送礼物的心态来分享。你分享自己的观点、感悟和经验，说不定就会对别人有帮助，就是送上了你的一份礼物。不要不好意思销售，任何产品都是需要推广的。

📖 卡点五，浅尝辄止，没法长期坚持

很多人推出了自己的线上课程，实现了兴趣变现。但做了一段时间，就疲倦了，或者失去了热情，就放弃了。

打造个人品牌和兴趣变现，需要长期坚持。不是试一试，也不是浅尝辄止，而是要长期在一个领域深耕。这样才能在一个领域积累足够的影响力，才能产生复利效应。

有很多老师，开设了一两期训练营后，就遇到瓶颈，比如，遇到流量瓶颈，招不到学生等，就中断课程或直接放弃了。有很多2016年跟我一起做线上训练营的老师，现在已经看不到他们的身影了。而我从2016年一直持续到现在，累计开设100多期不同的训练营。

长期坚持和积累，会带来复利的效应。每一年，都有很多平台主动来找我合作。他们在调研时，会发现我持续在写作这个领域深耕，而且做出了不错的成绩。于是他们在筛选老师时就会选择我，这就是坚持打

造个人品牌带来的复利。

在打造个人品牌的路上，我们一定会遇到各种各样的困难和挑战。我们要有长期主义的思维，一边前行，一边解决问题。这样我们才能在某个领域持续耕耘，做出成绩，并创造财富收入。

突破了以上五个卡点，在开设线上课程以及个人品牌打造的道路上，你会少走很多弯路。

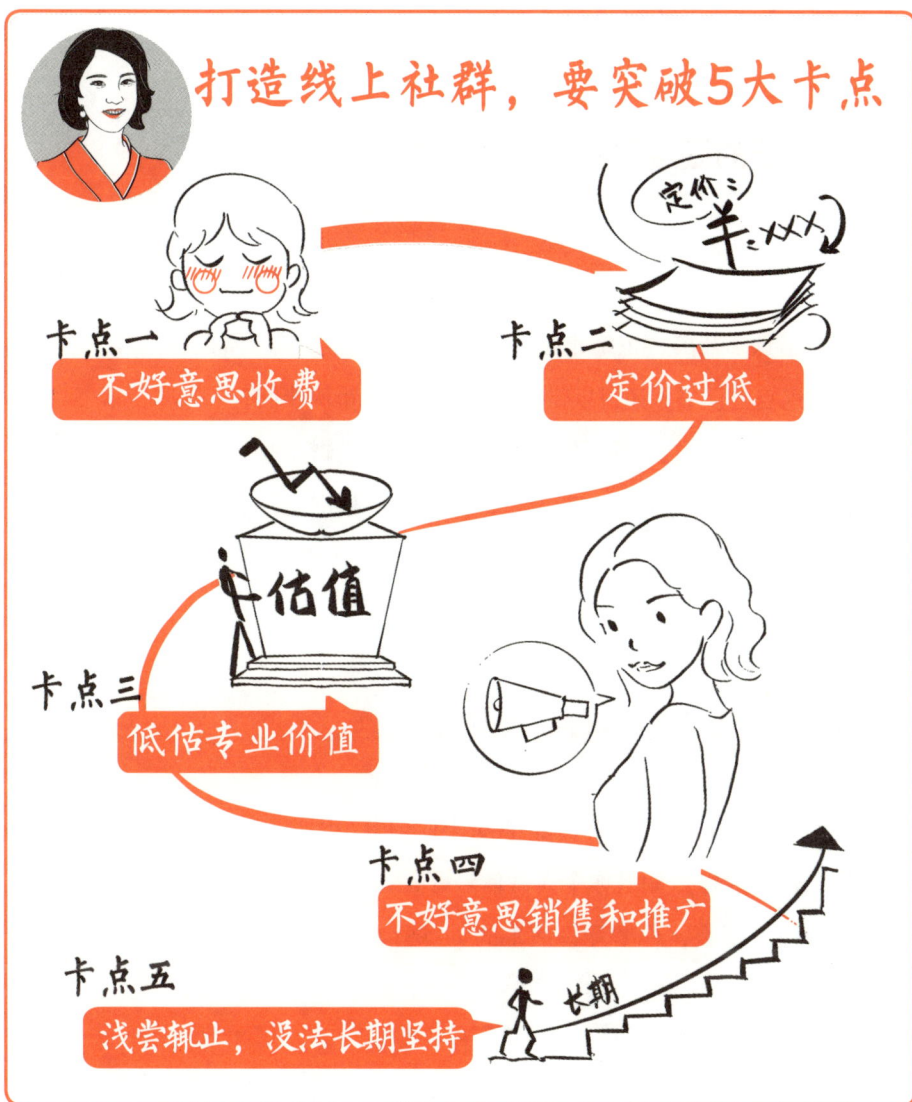

打造线上社群，要突破5大卡点

卡点一 不好意思收费

卡点二 定价过低

定价=半×××

估值

卡点三 低估专业价值

卡点四 不好意思销售和推广

长期

卡点五 浅尝辄止，没法长期坚持

7.3
打造社群的底层逻辑，实现社群变现

打造读书社群，也是非常重要的读书变现的方式。做读书社群，不仅可以倒逼自己读书，还可以带领一群爱阅读的小伙伴们，一起坚持读书。

做读书、写作等不同的训练营，底层的逻辑是相通的。如何运营一个读书训练营，重点跟大家分享，如何找到精准用户，以及如何做好社群运营和学员服务。

📖 开设线上读书社群，如何寻找精准用户

开设自己的读书社群，除了设计有吸引力的课程，关键你要有用户来购买你的课程。如果你个人微信号好友才200多人，其中大部分还是亲戚和同事，那么，你要开设线上的训练营，是挺有难度的，因为用户基数太小了。

我们要在公域流量，有一定的粉丝积累。在私域流量，也有一定数量的用户积累。这样你开设训练营，才会有学员来报名课程，并且可以持续招生和持续滚动开课。

开设线上课程，寻找精准用户有两种方式。

第一种方式，借势和强强联合，跟有用户的平台合作

你的个人背书足够强，专业能力也很厉害，就不一定要自己积累用户，直接跟有用户的平台合作就可以。

"得到系"的一些老师，像薛兆丰老师，专业能力非常强，背书也很强，他直接跟头部平台合作，用户的问题就解决了。

如果你不是头部IP，但也有一定的知名度和影响力，可以寻找腰部的平台合作，或者是与有一定粉丝数量的公众号合作。你有过硬的内容和课程，对方有粉丝，如果达成合作，就是双赢。当然，在筛选合作伙伴的时候，还是要多方调研，选择靠谱的合作平台。

我的读书写作课程，就有上线荔枝微课、千聊、壹课等平台，这些平台的用户数量非常大。所以，我的课程上线这些平台，销量都是过万份。

第二种方式，深耕内容，自己积累用户

如果你还没有那么大的知名度，或者是刚刚起步的素人，那么就需要好好做内容，靠好的内容来吸引粉丝，积累用户。

2015年我跨界写作，是一个素人作者，通过不断创作优质的内容，吸引越来越多的关注者，逐渐积累粉丝和影响力。这个过程需要时间，也需要持续的行动力和内容创作力。如果你擅长写爆款文章，那么积累用户的时间就可以缩短，积累粉丝的速度会更快。

通过创作优质内容，积累的用户达到一定的数量，用户对你也有一定的信任，你就可以开发自己的付费课程。

很多人会有一个误区，觉得自己必须有很多粉丝，才能开设付费课程。我招募第一期写作训练营时，公众号粉丝就几千人，微信好友数也就一千人左右。并不是说，必须达到几万、几十万粉丝的时候，才能开发自己的课程。当有一定的用户积累之后，就可以创作优质内容和开发付费课程同步进行。

除了深耕内容，我们也要运营自己的私域流量。我从2016年到2022年，积累了6万多的微信私域用户。来报名我们的写作课和年度会员的学员，大部分都来自私域流量。

📖 如何运营读书社群，做好学员服务

当我们招募到付费学员后，接下来就是付费学员的运营和学员服务的环节。**训练营是技能交付，而不仅仅是知识交付。**要督促学员真正行动起来，所以社群运营的能力非常重要。

在我的团队里，由全职的七夏和嘟嘟，以及兼职的一燃负责社群运营，同时还培养了上百位运营官和点评官。运营和点评是我们写作社群的优势，学员的满意度也比较高。

如果你有本职工作，一个人忙不过来，可以找擅长社群运营的小伙伴一起来合作。比如，你负责讲课和招生，合作的小伙伴负责社群运营。可以是兼职运营的方式，每一期训练营的运营，支付一定的运营费用。

同时，也要发挥社群学员的力量，培训往期的学员成为运营官或点评官等。参与运营和点评，自己的改变和收获是很大的，可以锻炼自己各方面的能力，还可以链接很多优秀的人脉。

运营是我们写作社群非常大的特色和优势。我们年度会员的运营，有上百位运营官和点评官一起参与社群运营。我们会开设运营学院，专门培养运营官们，激发他们的运营潜能。七夏和一燃主讲的运营学院，开设了9期，累计培训了1000多位小伙伴掌握运营技能。

我们每月还会开设运营赋能会议，专门给运营官们赋能，解决大家

运营上的卡点。正是因为我们有强大的运营团队来赋能学员的学习和打卡，学员参与我们的写作社群后，改变非常大，行动力非常强，百分百完成作业打卡。

第42期零基础写作营，有160多人参加，达到了百分百的打卡率；第43期写作营，也达到了百分百的打卡率。百分百打卡已经成为我们社群的标配。做过线上运营的小伙伴都知道，要做到百分百的打卡率有多么难，我们做到了。每个学员都百分百完成作业，收获特别大。

2022年度会员，5月份是行动践行月，我们有500多位年度会员报名参加这个活动。一个活动有500多人报名，这背后是七夏、嘟嘟和一燃带着运营团队、班长们全力以赴去带动班级同学参与，取得的了不起的成果。

有很多大咖老师报名我们的年度会员，就是为了来学习我们的运营方式。运营是我们年度会员非常强大的一个竞争力。

因为社群运营涉及的内容很多，我未来也会专门写社群运营方面的书籍，你也可以专门做社群运营的主题阅读。我简单分享从0到1运营付费社群的三大心法。

第一，要做技能交付，带着学员行动，打造成功案例

我自己的社群，是以读书和写作为主，读书和写作都是技能。我在设计训练营的时候，就不仅仅是课程的交付，还有技能交付，带着大家真正行动起来，学会技能，做出改变和成绩。

我们开创了很多独特的运营方式，带着大家一起行动。比如，我们的写作训练营，包括我们的体验营，经常会组织清晨的云写作活动。早上6点半，我们带着大家一起早起，加入腾讯会议，一起线上云写作，解决大家不敢开始写作、不敢行动的障碍。学员参加线上云写作的收获特别大。

写作为什么要加入训练营的学习呢？因为一个人写作是比较孤单的，比较容易懈怠，很容易放弃。通过社群的监督，激发自己的写作热情，让自己行动起来，能更快掌握写作这个技能，还能实现写作变现。

对于训练营来说，运营和点评都非常重要。我们每一期写作训练营，都会分小班，每个小班有班长、组长、各类职能官，来督促学员的学习情况。还有专门的点评老师，一对一点评学员的文章，批注修改建议，辅导学员提升写作能力。我们还会给学员对接投稿的渠道和平台，很多学员在训练营期间就实现了上稿获得稿费的目标。

我们的零基础训练营，设计了学员之间的互评，大家写的文章互相能看见，并获得他人的反馈。大家的互评非常暖心，也会彼此激发内心的写作热情。

这些不同的形式，都是为了带动学员行动。只有行动了，学员才能感受到参加训练营的意义和价值，看到自己的改变和能力的提升，才会更认可我们的社群。

有很多学员跟我们说，我们的写作训练营，是他们参加过的训练营中体验最好的，也是少数坚持学下来和百分百完成打卡的训练营。

第二，游戏化教学，让学习变得简单有趣

打造线上社群，可以结合游戏化教学的方式，让学习变得简单有趣。我们的训练营中，结合了不同的游戏化教学方式，创造了独特的运营方式。比如积分排行榜、日榜之星、周榜之星、学员的互评、知识竞赛、书评大赛等，通过多种方式激发大家的学习内驱力。

我们还设计了各种各样的勋章：锲而不舍勋章、行动力爆棚勋章、复盘达人勋章、高级点评家勋章等。学员完成特定的要求，就可以获得勋章。他们获得勋章都超级开心，还会晒在朋友圈。

为了督促大家早起，我们在服务号"弘丹写作成长营"开发了"**早起打卡**"的功能。每天有几千人在服务号早起打卡。我们也设置了早起勋章，比如，30天早起勋章，100天早起勋章，365天早起勋章，激励大家早起。我们的学员，有的早上4点钟、5点钟就起床打卡了。

我们也开发了写作打卡的功能，写完文章后可以在服务号上打卡，不断积累自己的写作总字数、连续写作的天数等。**有很多小伙伴获得了365天日更达人的勋章。**学员居燃累计写了300多万字。写作重塑了她，写作之后的生命状态，跟之前完全不同，整个生命都绽放了。

弘丹写作的愿景是：**让每个人享受写作的快乐，通过写作找到自我价值，活出闪闪发光的自己。**这些游戏化的方式，让写作变得简单有趣，让学员可以快乐学习并掌握写作的技能，写出更多优秀的文章，实现上稿和写作变现。

第三，每一期迭代，形成SOP，不断优化

我们累计开设了100多期不同的训练营，也沉淀了很多运营方式，梳理成为训练营的SOP（标准化流程）。每一个不同的训练营，我们都会有对应的SOP。

每一期训练营结束，我们都会复盘和优化，分析具体的数据，比如说打卡率、提交作业率、优秀作业率等。每一期迭代，不断完善。

因为有SOP，开一个新的训练营，就可以参考之前的运营方式，更加高效地筹备和运营。同时，也方便运营官的培训和工作交接，即使换运营官，新运营官也可以很快上手。

　　每一期训练营开课前，我们都会专门给运营官培训，确保大家清晰我们的运营目标，以及掌握运营的能力。我们也会组织运营学院，给运营官们做全面的培训和辅导。我们的运营官们极致利他，在参与运营的过程中，自己的收获和成长也非常大。

7.4
设计课程体系，提高转化率和复购率

我们要实现内容变现，一定要去设计自己的课程体系。不同的课程，满足不同用户的需求。设计不同的课程，可以提高用户的复购率，用户学完一个课程，还可以继续学习进阶的课程。

📖 设计课程体系，提升复购率

如果你在自己的领域里持续深耕，有一定的用户基数，就不要仅仅开发一个课程，而是要去设计课程体系。一般可以设计包含四个层级的课程，分别是：引流课程、基础课程、利润课程、高端课程。

课程漏斗模型

引流课程
基础课程
利润课程
高端课程

不管是哪个领域的课程，都可以根据课程漏斗模型来设计自己的课程体系，服务不同需求的用户。四个不同层级的类别，每个类别又可以设计不同的课程，形成一个完善的课程体系。

"漏斗模型"在阅读和写作领域，我的课程体系如下。

1.引流课程：5天轻松写作体验营，弘丹早起读书会。

2.基础课程：21天零基础写作营，30天听书稿写作营，21天视频号直播营，自信力写作营，读书变现训练营。

3.利润课程：弘丹年度VIP会员，三年SVIP会员。

4.高端课程：弘丹私董会，弘丹年度私教。

我以自己的课程体系为例，来说明具体如何规划不同层级的课程。

引流课，我们有5天轻松写作体验营，已经开设20多期。体验营虽然价格比较低，但服务要非常用心。因为这是用户第一次来体验课程，如果第一次加入课程体验不好，用户报名正式课程的可能性也比较小。

体验营设计要点，是让用户有好的体验，让用户在3—5天内了解你的课程内容，建立信任，同时让用户清楚了解正式课程会交付的内容。要让用户对课程产生向往，特别想要来上正式课程。

有了直播之后，很多体验营除了课程的学习，主讲老师还会直播。通过直播建立信任，直播讲解知识点和学员互动，学习效果也会更好。

体验营，也要设计作业环节，让学员真正行动起来。学员只有行动起来，有了改变，才更有可能来参与正式课程的学习。要在3—5天的时间里，就让学员看到自己的改变。

当学员在体验中感受到自己的成长和进步，同时也喜欢老师的讲课风格和讲课的内容，就有可能来报名学习正式的训练营课程。

基础课程，我们有不同的课程，有"21天零基础写作训练营""14天读书变现训练营""30天听书稿写作训练营""21天视频号直播训练营"等。

基础课程的核心是技能交付，让用户真正学会和掌握一个技能，并取得一些成绩。在上一节"如何运营读书社群，做好学员服务"，我已经详细介绍了基础课程的运营，这里就不详细介绍了。

利润课程就是给你持续带来现金流的课程，也是你的基本盘。我的年度写作社群，就是属于这个类型。

从2018年开始，累计开设了5年的年度会员课程，有很多学员连续报名3—5年。年度社群的核心，是陪伴成长。因为是一整年的课程，一整年的社群陪伴。

我们的交付做得非常重，一年交付10个不同的训练营，大部分学员想学习的课程都包含了。报名了我们的年度会员，可以省下好多钱，因为不需要花钱报名不同的课程，好好把一整年的课程学好，收获和成长是非常大的。我们还有多个线上的工作坊。有12个小时自信力工作坊、写作潜能激发工作坊、POA行动力工作坊等。这些都是一整天的线上体验式的学习和小组讨论，跟线下课程的体验是差不多的。这样一整天的线上工作坊，很多都是几千元的收费，而我们是年度会员直接免费参加。

年度会员，还可以一年内免费多次复训零基础和听书稿等王牌课程。我们有很多的学员，都是多次复训这几个训练营。比如居燃同学，她复训了听书稿9次，她说每一次复训，收获都特别大。要真正掌握一个技能，一定要间隔重复，复训就是非常好的间隔重复学习的方式。

我们的运营是小班制运营，50个人一个小班，每个班有班长、组长、各类职能官等。我们有完善的运营体系，完善的点评体系，丰富的活动和比赛，赋能学员更快地成长。

我们还独创了写作教练式辅导，以写作教练深度辅导学员的方式用心陪伴每一个学员成长。很多人在写作的过程中，会遇到很多卡点。比如没有自信心、不知道怎么修改文章、坚持不了等问题，我们通过写作教练一对多的赋能和一对一的咨询诊断，帮助学员解决实际的卡点，既给方法又给力量。

年度会员运营的核心，是我们搭建舞台，让学员成为C位，给他们很多的机会展示自己，让他们在我们的社群闪闪发光。我们一年带着大家共读24本书，每天都是不同的人来领读书籍内容，每个人都有机会申请成为我们的领读官。

判断一个年度社群做得好不好，核心指标是续费率。我们的续费率挺不错的，每一年都有很多的学员续费。我们有很多续费了3—5年的会员。如果你的年度社群有吸引力，会有一批铁杆粉丝，他们会一直在你的社群学习和成长，你也可以深度陪伴他们的成长。

设计年度产品，要让学员有超值的感觉。仅在2021年我们就寄出了几千份礼物。只要报名年度会员，我们就赠送定制的新年礼盒。很多学员收到我们的礼盒，都非常惊喜，也会晒在朋友圈。

如果你还没有年度产品，可以去思考自己是否要做年度课程，以及如何来设计自己的课程。

搭建完善的课程体系，不是一蹴而就的。不可能刚开始做线上课程，就一下子推出多个不同的课程。一开始，可以先开设一门课程，把这门课做成爆款课程，积累用户的口碑。当你的课程逐渐成熟之后，再来设计完整的课程体系。我也是花了7年的时间，才有了完整的课程体系。

我设计课程的核心理念是"10倍好"，提供的价值10倍于价格。所以，我的很多学员，只要我推出课程，都是立马就报名，抢占名额。因为他们知道，越早报名，价格越优惠，收获会越大。

如果你也对线上教育感兴趣，就可以去打磨自己的课程体系，用心服务每一个用户，相信你也可以实现兴趣变现和个人品牌变现。

📖 运营社群的关键，用心陪伴用户成长

2016—2017年，我做了多期一个月的训练营，发现很多人在训练营学习期间，学习动力很强，课程结束后就慢慢回到了原来的状态。因此，2018年我创建了年度陪伴社群，应该算是比较早就做年度社群的一批人。

2018年，我30虚岁。在三十而立的时候，创立年度会员社群，我觉得是非常幸运的一件事。2018年，也是"弘丹写作"品牌的正式创立之年，有了年度会员后，我正式创立"弘丹写作"的品牌。从2018—2022年，我们累计深度陪伴了4000多人的成长。其中，有很多人报名3年、4年、5年的会员。

我的社群的核心关键词是：陪伴成长。如果我每年都能深度陪伴一批人的成长，陪伴他们的孩子成长，我觉得这是一件特别美好的事情。从30岁陪伴到80岁，还有50年的时间。即使每年陪伴1000人，50年也可以深度陪伴5万人的成长。我相信，我的一生，肯定可以深度陪伴10万人以上的成长。

2018年创立年度陪伴社群时，我就有写，希望这个社群可以成为终身阅读、终身写作、终身成长的社群。这5年来，我一直在践行这个理念。如果你想要终身阅读、终身写作、终身成长，就可以来我们的年度陪伴社群。

2021年，我把影响百万书香家庭，影响千万人爱上写作，活出闪闪

发光的人生，作为社群的使命和愿景。打造书香家庭的最低目标，是阅读100本书以上。我们年度社群，每年带着大家深度共读24本书，两周阅读1本书。跟着我们学习几年，就一定可以完成100本书的深度阅读。

我们社群中，很多人都是宝妈，她们在阅读的时候，也影响了她们的孩子喜欢上阅读。她们会在家里专门留出一个地方，作为阅读角，周末带着一家人，一起举行家庭读书会。

我们也期待正在阅读这本书的你加入我们，一起打造书香家庭。从自己的小家开始，再逐渐影响身边的朋友，一起成为书香家庭，成为学习型家庭。

如果你在公司上班，或者是企业创始人，也特别倡议你在公司做读书会，打造学习型企业。我在自己的团队制订了共同学习的时间，每周三下午是我们一起读书和学习的时光。员工更快地成长，也会让公司快速成长。

我们的年度会员中，也有好几家企业的创始人和高管，推荐自己的员工组团来年度社群学习，助力员工的终身学习和终身成长。

我们也在探索线上线下相结合的方式，在全国各个城市落地弘丹写作的空间，组织读书会和写作工作坊等活动，影响更多人一起来读书和写作。

Tips --

　　如果你也想深度陪伴一群用户成长，也可以开始做自己的线上社群。打造自己的读书社群，也是读书变现非常重要的一种方式。

7.5
运营线下读书会，链接高质量人脉

在线上我们可以做不同类型的读书产品，在线下我们也可以组织线下的读书会。线下读书会有天然的优势，比如大家可以互相见面，深度链接，更容易沉浸式学习等。

我的朋友馨姐在上海开了一家女性书店"馨巢书屋"，邀请我去她的书店开线下的读书会和写作工作坊，现场带着大家阅读和写作。很多参与的小伙伴说，在现场读书和写作的感觉很不一样，在现场特别容易专注。现在的生活节奏非常快，很多人已经很久没有好好坐下来，看一本书，写一篇文章，体会慢下来的感觉。

我的私董沈晓菡，她很喜欢读书，有自己的线上读书社群。她生活在无锡，组织了超能美妈读书会，每个月组织线下读书会，选择当地风景优美的地方，每一期阅读不同的书籍。

来参加她读书会的人，是全职宝妈或自由职业者，一般空闲时间是周一到周五的白天，所以她的读书会是在工作日举行。她结合用户的情况，聚焦读书和聚会相结合的需求，以好书、美景、妙人为入口，做"更高处遇见更好的自己"的读书会。

每一期的读书会，氛围特别好，大家深度链接和交流。而且她会拍摄好看的照片，发布朋友圈。她会写活动的复盘文章，发布在公众号，也会拍摄现场的精彩片段，剪辑视频发布到视频号。

她的读书会吸引同频的人来参加，很多外地小伙伴看到读书会的视频，纷纷表示跨市也要来参加。大家都是抢名额，来参加她的线下读书会。她也因此链接到当地一些同频的女性，也有一些人加入她的付费社群，报名她的私教课程，实现营收。

做线下读书会，不仅可以锻炼自己的表达能力、线下组织能力，还能影响很多人爱上阅读，也是特别好的聚会的方式，是一件特别有意义的事情。

我还有很多学员，在自己的单位发起读书会，带着同事们一起读书。他们因为组织读书会，提升了自己在单位的影响力，获得了"阅读推广人"的称号。

还有宝妈，除了带自己的孩子读书，还会组织孩子班级的同学一起来读书。比如，学员晴天每周六都会花一个下午的时间，带着她孩子班级上的5个小朋友一起读绘本，还组建了5个家庭的线上读书会。

推广阅读和写作，有很多的方式，期待大家不仅自己读书，也能推广阅读和写作，影响更多人一起来读书和写作。

第八章　　■ Chapter　08

个人品牌变现：
如何打造个人品牌飞轮

8.1
个人品牌是放大器，百倍放大影响力

个人品牌其实是有悠久的历史的，并不是现在才有个人品牌，只是以前没有用"个人品牌"这个词来表述。

个人品牌的典范，我想到的是孔子。春秋战国时期，在没有互联网、自媒体、短视频的时代，孔子弟子三千，七十二贤人，绝对是超级有影响力的个体。

孔子距今2000多年，《论语》依然是我们的必读书籍。我们从《论语》中获得很多智慧和启发，孔子拥有的是穿越时空的思想魅力，我们要向孔子学习个人品牌的打造。

个人品牌是放大器，可以10倍、100倍、1000倍，甚至几十万倍放大你的个人影响力。前提条件是，你要有优质的内容，你要传递正向的价值观。要不然，有了这个放大器，有时候反而是一件坏事，人设崩塌的例子实在是太多了。我们要用好个人品牌这个放大器，放大的是自己的优势和价值，而不是自己的缺点和劣势。

我们现在所处的时代，与孔子的时代相比，不同的是工具和传播方式，打造个人品牌的底层逻辑是一样的，那就是优质的内容和作品是个人品牌的基础。

个人品牌的内核是信任。我们打造个人品牌，做的很多事情都是增加信任感。有了信任，才有个人品牌。在新媒体，短视频平台输出优质内容，都是在建立与用户之间的信任。

现在很多传统行业的人或者专业人士，都在打造个人品牌，比如律师、保险人士、医生等。比如，急诊科女超人于莺，微博有429万粉丝；鲍秀兰诊室，微博有705万粉丝。

如果你有自己的一技之长，可以结合兴趣爱好，打造自己的个人品牌。我身边就有很多好朋友，把兴趣变成了事业。比如，手机摄影美学导师李菁老师，高效练字专家字美美老师，声音变现教练子涵老师，精力管理教练Luna老师，"恩荻的美学花园"创始人恩荻老师等。个人品牌放大了她们的影响力，让她们的专业实力让更多人看见，吸引更多精准的用户，她们也因此打造了自己的商业模式。

除了我自己打造个人品牌，我也在孵化有潜力的个体，帮助私教学员和私董成员打造个人品牌，扩大他们的影响力和财富力。同时，帮助他们搭建平台，对接资源，助力他们实现梦想，比如出书的梦想。

Tips

个人品牌的背后，是人与人之间的连接，个人品牌可以创造超级连接。很多原本很难接触到的人，因为个人品牌慕名而来。更多的连接，就会带来财富和影响力。

8.2
搭建个人品牌商业模式，开拓多管道收入

个人品牌能创造巨大的收益，也能让我们的时间发挥出更大的价值。当我们拥有个人品牌，我们可以多种商业模式并存，开拓多管道收入，让我们的时间更值钱。

📖 三种商业模式，让时间创造更大收益

如果把一个人比作一家公司来运营，公司有不同的商业模式，每个人也都可以有不同的商业模式。畅销书作家李笑来总结了三种商业模式。

第一种，把时间出售一次创造收益。大部分上班族、自由职业者就是这种商业模式。第二种，把时间出售多次创造收益。知识IP、作家、艺术家就是这种商业模式。第三种，花钱购买别人的时间创造收益。创业者、企业家、投资人就是这种商业模式。

当你只有第一种商业模式时，你能创造的收益是有限的，而且反脆弱性差。当环境变化，公司不景气时，你就容易面临失业或裁员。

在自媒体和短视频兴起后，内容创作的门槛大幅降低，很多人都在业余时间创作内容，开创自己的第二种商业模式。

当个人品牌有了一定的知名度和影响力，搭建稳定的商业模式，就

可以全职内容创业，实现从个人IP到团队化运营的转型。内容创业就是第三种商业模式，搭建创业团队，团队协作创造更大的收益。

Tips --

当你开始了内容创作，你有机会实现三种商业模式并存，实现多管道营收。这个时候，你的抗风险能力是很强的，你的反脆弱性也很强。

📖 一份时间出售多次，创造多份收益

打造个人品牌，可以有多种商业模式，开拓多管道收入，把一份时间出售多次，带来不错的收益。以我自己为例，我通过以下方式，把我的时间多次出售。

第一，写书带来版税，实现被动收入

我创作的书籍，持续给我带来被动收入。2018年出版的《从零开始学写作》，已经4年多了还在持续畅销，每年都有一定的销量，每年给我带来版税的收入。2020年出版的《精进写作》，是当当新书热卖榜总榜的第一名，销量也不错。

我创作一本书，花费的时间是固定的。只要卖出一本书，我的时间就被卖出一次，书籍卖出好几万册，我的时间被售卖了几万次。所以，同一份时间，持续创造价值，带来被动收入。

第二，开发线上课程，上线多个平台，创造百万销售额

我在荔枝微课、千聊等平台，上线了多门写作课，每门写作课的销量在1万份以上。因此每一门写作课，都给我带来不错的收益。

我开发课程花费的时间，同时卖给了1万多人，就相当于我的时间

被卖出了1万多份。写作课程定价99元，出售1万份就可以带来百万营收。课程是跟平台合作，营收是跟平台分润，而且平台的占比更高。

课程上线大平台，带来的不仅仅是课程的收益，更重要的是知名度和影响力的提升。有1万多人买了我的课程，这1万多人都知道了我的写作课程，这个价值是巨大的。

第三，开发付费训练营和付费社群，一份时间卖上千次

除了跟平台合作上线的写作微课，我自己每年还开设写作训练营和年度会员社群，累计开设了100多期不同的训练营，5年的年度社群。

开设线上课程也是把我的时间批量出售。每次讲课，都是有几百上千人来听，就相当于我的时间卖出了上千次。

打造个人品牌，除了让自己的时间批量出售，还要让自己的时间更贵，让同样的时间创造更高的价值。所以，我们要服务高端用户，提供一对一定制的咨询或私教服务，解决用户个性化问题。

一对一咨询或私教服务，虽然一份时间只卖一次，但时间的单价比较高。我的一对一私教服务，辅导客户打造个人品牌或写书指导，针对性解决用户的个性化问题，赋能他们的成长，同时也让我的时间变得更贵。

8.3

打造个人品牌飞轮，实现个人品牌变现

在超级个体崛起时代，个人品牌是非常值钱的。接下来跟大家分享的个人品牌变现飞轮，不仅仅适用于读书变现，也适用于其他你想打造个人品牌的领域。

个人品牌变现飞轮的核心，是要让飞轮一圈一圈快速循环起来。在一圈圈的循环中，带来更大的影响力和变现的收益。

📖 个人品牌变现飞轮，开启变现之旅

亚马逊的创始人贝索斯在创业初期，就提出了亚马逊的增长飞轮，并多次表示"飞轮效应"是亚马逊成功的秘籍。增长飞轮的每一步，会带动下一步，形成循环。飞轮周而复始，循环往复，创造了亚马逊的商业帝国。

回顾过去7年的个人品牌打造，我总结了个人品牌变现飞轮，包括四个要素：**内容创作、用户增长、私域运营、产品体系**。

个人品牌飞轮

内容创作：持续的内容创作能力，包含图文、音频、短视频、直播、写书等创作形式，带来用户的增长，积累粉丝，不断提升个人影响力。

用户增长：通过内容创作、社群分享、短视频直播等多种形式，实现用户增长。

私域运营：吸引用户加入私域，运营私域流量，增加与用户的信任，提升付费率。拥有私域流量的人，是非常值钱的，可以创造巨大的财富。

产品体系：开发课程或者实物产品，完善产品体系，多个产品组合提高复购率，实现个人品牌变现。

打造个人品牌需要的是多维能力，我列了一下能力清单，包括：学习能力、内容创作能力、产品设计和开发能力、短视频和直播能力、社群运营能力、直播讲课能力等。

我所讲到的这些能力，这本书都有涉及，并提供了可实操的方法，来帮助大家提升这些能力。第二章、第三章关于阅读的部分，可以提升我们的阅读能力和学习能力。第四章、第五章是关于写作和输出的，可以提升我们的内容创作能力。第六章是关于短视频和直播的，可以提升我们的创作短视频和直播能力。第七章是关于社群运营和课程设计的，可以提升社群运营能力和产品开发能力。

认真阅读这本书，并去运用书中的方法不断践行，你将拥有打造个人品牌所需的各方面的能力。

运用二八原则，实现飞轮循环

想要个人品牌变现，并不是靠单一的元素实现的，关键是要让个人品牌飞轮快速转起来，在一圈一圈的循环中，放大自己的势能和影响力。

个人品牌飞轮可以以任何一个元素作为起点，可以先从内容创作开始，也可以先从用户增长开始。这是一个循环，而不是一个线性的顺序。

很多创作者，会陷入一个误区，过于专注提升自己的创作能力。比如，写作者总觉得自己的写作能力不够好，甚至都不敢公开发布自己的文章。一直在打磨自己的写作技能，却不发布文章，也就没有办法吸引精准用户。当你觉得自己的写作技能打磨好了，开始对外发布文章，却发现平台的风口早就过了。错过红利期，同样的内容带来的用户增长和收益，差距可能是上千倍。

个人品牌飞轮的核心是，各个领域之间互相配合和协作。我们不是把某个领域做到了100分，再去做第二个领域，而是在做这个领域的同时，也要去学习下一个领域的核心技能。

运用二八原则，实现个人品牌飞轮循环。先掌握每个领域最精华的内容，快速把整个飞轮转起来，通过一圈圈循环精进每一个技能。

投入20%的时间，把"内容创作"做到80分，然后开始学习"用户增长"方法，让自己的内容带来粉丝的增长，做到80分。个人品牌飞轮的各个领域都做到80分，飞轮就可以开始循环了。

假设两个人，一个人花100%的时间，把内容创作做到了100分；而另一个人，合理安排自己的时间，把每个领域都做到了80分，那么谁更容易实现个人品牌变现？

前者把内容做到了100分，总分也只有100分。而后者每个领域都做到了80分，如果是分数相加，是400分，如果是相乘，那就是80的五次方。从数字上，就可以看到两者的差距，后者更容易实现变现。

飞轮循环的核心是用户和产品体系。如果没有用户，很难实现飞轮一圈一圈循环。没有产品体系，也很难实现持久的变现。

Tips ---

有用户，有产品，飞轮才能转动起来。所以，当我们推动飞轮第一圈转动时，我们要找到自己的第一批用户，开发满足用户需求的产品。

📖 做好五个步骤，实现个人品牌变现

普通人如何利用飞轮效应，开启自己的个人品牌变现呢？我们以内容创作为起点启动飞轮，来详细说明。

第一，持续创作优质内容，输出价值，积累用户

个人品牌的打造，是一步步实战出来的，而不是规划出来的。作为普通人，我们可以先从注册一个新媒体平台的账号开始，在这个平台上持续输出内容。

刚开始创作内容，你也不知道自己是否能火，内容创作会给自己带来什么收益。在这个阶段，重要的是在持续行动中探索方向，持续创作

优质内容，实现涨粉。

我们通过不断探索，尝试不同的内容创作形式，比如文章、视频、音频等，也可以尝试不同的创作领域，比如情感、职场、育儿、娱乐等。我们可以一边尝试，一边寻找自己擅长且读者喜欢的领域，然后在这个领域持续深耕，积累用户。

第二，在细分领域持续深耕，运营平台账号，实现涨粉

通过第一阶段的不断探索，我们找到自己擅长的方向和领域，明确定位和方向，在细分领域持续深耕，成为这个细分领域的专家。同时，我们也要不断创作内容，运营平台账号，实现涨粉。

我一开始创作的时候，也不清楚自己的方向是什么。通过一年多的写作，我发现跟写作技巧相关的内容比较受欢迎，阅读量也比较高。因此，我明确了自己的定位，在写作这个细分领域持续深耕，在各个平台输出跟写作技巧相关的文章，积累粉丝和用户。

很多人会觉得，入局太晚，是否还有机会。有很多人入局也比较晚，也做出了耀眼的成绩。我们不用怕入局晚，关键还是看你的内容创作能力和平台运营能力。有能力的人，即使入局晚，也可以逆风翻盘，成为某个领域的大V。

第三，用户运营和私域流量运营

我们在内容创作的时候，不仅仅只是创作优质的内容，也要有运营思维。我们在多个平台输出优质的内容，实现涨粉和积累影响力。同时，我们也要吸引用户，将用户沉淀在私域中，运营私域流量。

很多个人品牌变现的方式，是跟私域流量相关的。开设的付费课程，有自己的私域流量，就会有更多用户购买，转化率也会更高。我们要重视私域流量的运营，也要重视朋友圈的打造，多分享自己的生活、独特的观点和课程介绍。我们很多用户，都是通过朋友圈来付费参加课程的学习。

第四，开发课程或产品，实现内容变现

当我们有了用户积累，有了铁杆粉丝，就可以开发满足用户需求的课程或产品，实现内容变现，同时也跟用户建立更深的链接。

付费内容的形式有很多，比如，开发音频或视频课程、训练营、年度社群、一对一咨询、高端课程等。我们要服务好学员，通过口碑传播，一期期滚动开课，做好内容交付。

有很多作者，流量非常大，是百万级的账号，但收益构成比较单一，营收主要靠广告。公众号打开率下降，广告的收益也随之下降。虽然用户的粉丝体量很大，但内容变现的能力并没有我们想象得那么强。所以，我们既要运营流量，也要开发付费产品，这样才能实现稳健的变现。

第五，多维度打造个人品牌，实现多管道营收

当你在各个平台积累了粉丝，你就逐渐有了自己的个人品牌。我们前面做的所有的动作，都是在为个人品牌打造服务，都会提升我们的个人影响力。当你有了个人品牌，可以实现多管道营收。

打造个人品牌初期，自己一个人要身兼数职，内容、产品、运营、营销等都要负责。随着影响力越来越大，收入越来越高，不需要所有事情都亲力亲为，要组建团队，团队里不同的人负责不同的模块。

团队负责内容创作的人，要尽力把自己的内容创作做到100分，负责运营的人要把自己的运营做到100分。专业的人做专业的事，让每个人的优势发挥到最大。这样，团队作为整体，就可以推动飞轮转动，让飞轮创造价值。

Tips

飞轮效应的魅力在于，每一圈的转动，都为下一圈积累，这也是一种复利效应。当飞轮转动成千上万圈，个人品牌飞轮会给你创造巨大的价值。

做好五个步骤，实现个人品牌变现

1 持续创作优质内容，输出价值，积累用户

优质内容

粉丝团

简书 小红书 知乎 du

2 在细分领域持续深耕，运营平台账号，实现涨粉

课程
1
2

3 用户运营和私域流量运营

4 开发课程或产品，实现内容变现

课程

线上 线下 出版 拼课

5 多维度打造个人品牌，实现多管道营收

📖 创作者的时间精力，是飞轮的原动力

在高中物理课上，我们都学过，世上没有永动机。个人品牌飞轮不会自动地一圈圈旋转，是需要外部的动力推动它旋转。

那么启动飞轮，让飞轮一圈圈转动起来的外部动力和能量是什么呢？我思考了很久，总结出飞轮循环的能量供给，是内容创作者或者内容创作团队的时间、精力、金钱等投入。

内容创作者，不投入时间和精力，这个飞轮是不可能循环起来的。如果你想要这个飞轮循环得更快，还需要投入金钱，比如，投放广告获得更多的用户增长。所以，时间、精力、金钱，是这个飞轮的外在能量供给。

内容创作者是个人品牌飞轮的能量供给。当创作者停止投入时间和精力，停止创作的时候，飞轮的循环就会逐渐慢下来，甚至直接停止。个人品牌变现飞轮，是无法脱离内容创作者而存在的。当我想到这里时，我特别感动，眼眶湿润了。

个人品牌变现，绝对不是一件轻轻松松就能做好的事情，对于内容创作者的要求是比较高的，要不断创作新的作品，不断投入时间和精力，他是这个飞轮的核心，也是这个飞轮的动力源和能量供给。

内容创作者，是用生命在创作。以前听到"用生命在创作"，并不是特别的理解。当我想清楚个人品牌飞轮，以及飞轮的能量供给时，我才真正地理解了这句话。内容创作投注的是生命，有很多作品是作者用生命和血泪写就的生命之书，像路遥创作《平凡的世界》。

如果你选择内容创作作为自己一生的事业，你就选择了将自己一

生宝贵的时间和精力，投注到内容创作这件事上，就是在用自己的生命来创作。

生命是如此宝贵，我们要创作生命周期更长的作品，让你投入的时间和精力创造更大的价值。

8.4
实战案例：弘丹的个人品牌打造路径

2015年从零开始写作时，我并没有总结出个人品牌变现飞轮的模型，是摸着石头过河，但那时候的做法恰好是符合飞轮模型的。

结合个人品牌飞轮，我再来回顾下我个人品牌打造7年的成长路径。2015年我开始内容创作，2021年是我内容创作的第7年。在这7年里，个人品牌变现飞轮循环了无数次，在一遍遍的循环中，带来内容变现和影响力的提升。

📖 个人品牌打造，7年成长路径

从2015年到2021年，在个人品牌打造这条道路上，我走了7年的时间。我简单分享这7年自己的一些关键节点，以及我做对了什么。

2015年年初，我因为看了一篇文章，从零开始写作。一开始是在日记本上手写400字的日记，一个人默默坚持了6个多月。2015年的6月份，我注册了公众号和简书等自媒体平台，开始公开写作。

如果我一直是在日记本上写日记，而没有公开写作，后面的兴趣变现、个人品牌打造都将跟我没什么关系。内容创作的起点，是我从私密的创作开始公开写作。

当你不断创作内容时，就会带来用户增长。我持续创作优质内容，带来公众号和简书账号粉丝不断增长，并在2016年4月成为简书签约作者。我的很多文章被推荐到简书首页，并写出阅读量46万多的文章，在简书积累了5万多粉丝。

在公众号和简书创作的时候，就有读者对我的文章感兴趣，问是否可以加我的个人微信号。这些用户逐渐添加到我的个人微信，也就是我们所说的私域流量。私域流量是最近几年比较火的词，在2015年的时候，还没有这个词，但很多人就已经在做私域流量运营这件事了。

我当时误打误撞，通过组织一些免费的写作社群活动吸引了精准的用户。我连续做了6期免费的百日写作活动，带着大家一起日更。当时，也没有想着变现的事，单纯地想要影响一群人一起来写作。

2016年7月，我实现了第一圈的个人品牌变现循环。我正式推出了第一期"21天零基础写作训练营"，有20多人报名，这是里程碑事件。在2016年实现了第一圈循环后，这个循环就持续地一圈圈循环，每一次循环都会带来正向的收益。

2017年，我出版了第一本书《时间的格局》，首印1万册，我成为一名畅销书作者，受邀成为中央人民广播电台"品味书香"湖北之声等节目的分享嘉宾，带来个人品牌上的跃迁。

2017年，我丰富了产品体系。我开设了第二个课程"30天听书稿写作训练营"，带领很多人跟我一起读书和写听书稿和拆解稿。我们的很多学员成为十点读书、一书一课、慈怀读书会等平台的上稿作者。有学员写了上百篇10万多阅读量的爆款文章。这个训练营，截止到目前，已经累计开设20多期。

2018年，我开设年度会员的产品。这个产品成为我的核心产品，从2019年起，每年深度陪伴1000多会员的成长，累计开设5年时间。很多学员都是3—5年的会员，我们还陪伴一些学员度过结婚生子的人生重要阶段。

2018年上市第二本书《从零开始学写作》，这本书是很多人的写作启蒙书籍。很多人因为看了这本书，不再害怕写作，真正动笔写起来，享受写作的快乐。

2019年，我跟大平台合作，写作课程上线各大平台。我开设的写作课程上线荔枝微课、千聊等平台，销量几万份，带来付费用户的增长和私域流量的增长。其中一门写作课，课程的浏览量是25.35万人次，购买量是几万人。2019年，我搭建了兼职团队和运营点评团队，进行团队化协作。

2020年，我出版第三本书《精进写作》，成为当当新书热卖榜总榜的第一名，小红书上有很多博主推荐这本书。我也做了《精进写作》的全国线下签售会。

我业余写作6年，在2020年正式辞职创业，搭建全职团队。从个人IP到公司化运营，内容创作变成自己的事业。

2020年，我躬身入局视频号，我的视频号成为作家榜TOP50账号。我通过短视频和直播，开启新的商业模式。累计直播200多场，直播带货上百万元。

2021年，我获得"第七届当当年度影响力作家"称号。我举办了"弘丹写作"四周年线下周年庆活动。我梳理7年个人品牌变现路径，总结提炼自己的方法，做一对一私教，辅导私教学员打造个人IP，实现个人品牌变现，解决他们的个性化问题。我在2021年推出弘丹私董会等高端课程。

2022年，我出版第四本书。我也跟用户数过亿的平台合作推出写作课程。2022年我获得"第八届当当年度影响力作家"称号，跟易中天老师、余秋雨老师在一个榜单上。"弘丹写作"课程体系全面升级，以**"写作+直播+社群运营"作为社群三大特色，培养学员成为全方位的内容创作者**。我培养优秀的写作教练，以教练式辅导作为特色，赋能每一位学员的成长和改变。

同时，我孵化有潜力的IP，助力他们的个人品牌打造，一起推广阅读和写作。我开拓跟B端企业的合作，跟多家企业和平台达成合作，赋能企业客户的阅读和写作提升。

我个人品牌打造7年，全网粉丝30多万，私域6万多用户，跟多个大平台合作写作课程，全网付费学员10多万。同时，我搭建了完善的课程体系，打造了多个百万营收的社群，也赋能很多学员的成长。

很多学员因为加入我们的写作社群，人生发生巨大的改变。而我自己的人生，也因为写作和个人品牌打造，脱胎换骨，活成自己喜欢的样子。我也明确了自己的人生愿景和使命，推广阅读和写作，培养1000位卓越的写作教练，影响百万书香家庭，影响千万人通过写作活出闪闪发光的自己。

Tips

打造个人品牌，我们不仅可以活成自己喜欢的样子，拥有自己热爱的事业，还能影响和改变很多人，是一件特别有社会意义和价值的事情，也是多赢的事情。

弘丹7年个人品牌成长路径

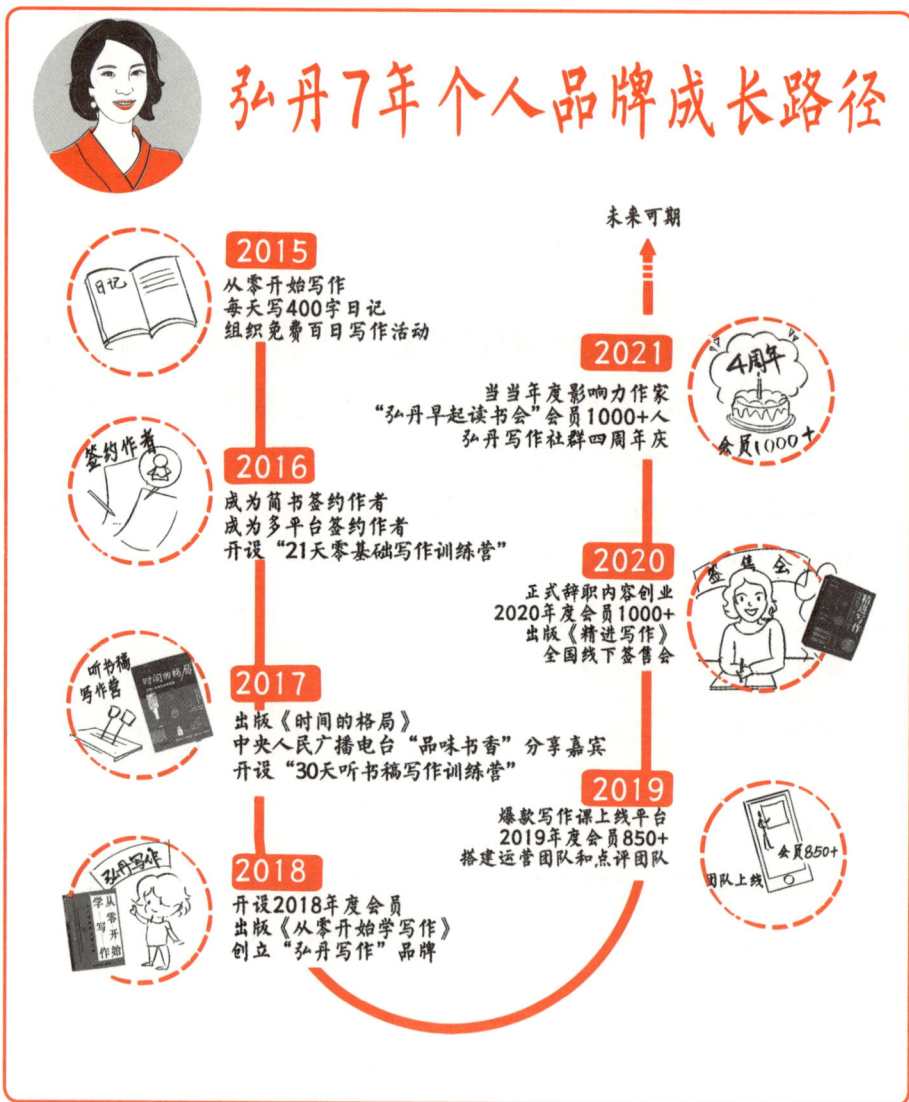

未来可期

2015
从零开始写作
每天写400字日记
组织免费百日写作活动

2016
成为简书签约作者
成为多平台签约作者
开设"21天零基础写作训练营"

2017
出版《时间的格局》
中央人民广播电台"品味书香"分享嘉宾
开设"30天听书稿写作训练营"

2018
开设2018年度会员
出版《从零开始学写作》
创立"弘丹写作"品牌

2021
当当年度影响力作家
"弘丹早起读书会"会员1000+人
弘丹写作社群四周年庆

2020
正式辞职内容创业
2020年度会员1000+
出版《精进写作》
全国线下签售会

2019
爆款写作课上线平台
2019年度会员850+
搭建运营团队和点评团队

📖 个人品牌打造，四大关键词

在过去7年个人品牌打造的过程中，我做对了一些事情，也赶上了一些风口。我总结了四大关键词，跟你分享，助力你的个人品牌打造。

第一，专注和坚持，持续在细分领域深耕

我2015年从零开始写作，2016年开始做线上社群，在这条道路上坚持了7年的时间。这7年来，我一直专注在写作和线上社群经营这两个领域。当你足够专注，就能在这个领域里做出成绩。我的很多合作，都是平台主动发出邀请。

专注的同时，坚持也很重要。 在坚持这件事上，我有很多数据。

从2007年开始早起，我持续早起15年的时间。

从2012年开始记录时间消费，我持续记录10年时间。

从2015年开始写作，我持续写作7年时间。

专注和坚持，让我在内容创作道路上持续做出成绩。通往成功的道路并不拥挤，因为很多人都会自动放弃。

第二，内容取胜，围绕个人品牌的内容创作

我所取得的成绩、实现的个人品牌变现，都是靠优质内容取胜。通过内容创作，积累忠实的用户；通过内容创作，打造付费课程，做出口碑，实现课程的一期期滚动开课。

通过内容创作，打造出爆款课程。 我成为荔枝微课、千聊等平台首页推荐的讲师，课程销量几万份。我持续创作优质书籍，出版《精进写作》《从零开始学写作》《时间的格局》书籍。你所阅读的这本书，是我创作的第四本书。

我的个人品牌离不开我的内容创作。我是靠内容创作积累了自己的影响力，实现了个人品牌变现。内容创作是我最核心的能力，也是我擅长的事情。

第三，顺势而为，7年抓住5次风口

我们打造个人品牌的过程中，不能闭门造车，也不能只靠一个人默默努力，而是要拥抱平台，拥抱趋势，顺势而为。

顺应时代的趋势，利用平台和渠道，放大自己的个人影响力。在这7年里，我抓住了不同时期和不同平台的红利期，7年抓住5次风口。

1. 2015—2016年，我抓住了简书的红利期。

2. 2015—2018年，我抓住了公众号的红利期。

3. 2019—2020年，我抓住了知识付费和在线教育的红利期。

4. 2016—2021年，我抓住了私域流量的红利期。

5. 2020—2022年，我抓住了视频号和直播的红利期。

要持续抓住不同平台的红利期，必须躬身入局。春江水暖鸭先知，我们要下水游泳，在实战中提升自己的觉察力和判断力。如果只是隔岸观火，很难有这种切身的体会，也比较难一次次抓住红利期。

我们也一定要拥抱平台，拥抱渠道，来放大自己的个人影响力。一个人的力量，是很难跟趋势抗衡的。**我们要懂得借势，借时代的势能，借平台的势能，借圈子的势能。**付出同样的时间和精力，懂得借势的人会创造更大的收益。

互联网的头部效应是非常明显的，一步领先，步步领先。当你领先了一步，你就有了更多的资源倾斜，你的影响力会大幅提升。影响力的提升，又带来新的机会和合作，就会形成一个良性循环。

未来的内容创作，我依然会紧紧拥抱趋势，拥抱平台，拥抱圈子，放大自己的势能和影响力。

第四，不忘初心，方得始终

很多人做个人品牌，做着做着，就背离了自己的初心，就忘记了自己曾经为什么而出发。

我觉得自己很幸运，一直都没有背离自己的初心，也持续在为自己的初心而奋斗。我开始写作的初心很简单：记录自己的所想所思。这个初心打动我，让我每天早起1个小时，在书桌前写日记。

7年过去了，我的初心依然没有变。就像此刻，也是清晨的早上，我一个人在书桌前，敲击着键盘，一个字一个字写下这些内容。

写到这里的时候，我眼泪不自觉地流了下来。没有想到，一个小小的发心，让我在内容创作的道路上坚持了7年的时间。从20多岁，到30多岁，经历成家立业、结婚生子。

《从零开始学写作》的作者简介上，我有写"**每一个不曾写作的日子，都是对生命的辜负**"。我一定会成为一个终身的写作者和内容创作者，也会持续创作新的作品。

在35岁之前，我的目标是完成6本书的创作。这是我的第4本书，第5本书和第6本书的选题也确定了，接下来的几年一定会把这两本书写完。

成为一个内容创作者，是一件非常幸福的事情。因为你有能力把自己的所想所思通过不同形式的创作记录下来、传播出去，在人类历史长河，留下自己宝贵的经验。**人类璀璨的文明，离不开一代代内容创作者的耕耘和创作**。

愿你出走半生，归来仍是少年。不忘初心，方得始终，越简单的初心，反而越有力量。找到你内心深处，真正打动你的初心。

内容创作是一辈子的事情。当你找到了初心和内驱力，你就能穿越不同平台的变迁，持续创作优秀的作品。

这也是我创作这本书的初心，希望能影响更多人走上内容创作的道路，用内容影响更多人，记录自己独一无二的人生，也通过内容创作实现变现，打造个人品牌。

超级个体崛起的时代，我们每个人都应该去打造自己的个人品牌。**个人品牌，会让我们的人生实现跨越式成长，也会让财富实现非线性增长。**

让我们一起做一位长期主义的优质内容创作者，打造个人品牌，升级财富和影响力。

最后跟你分享我特别喜欢的两个金句。

你就是个人品牌，个人品牌就是你。

进入得足够早，坚持得足够久，做个人品牌界的常青树。

》 后 记

读书是一辈子的事，做一名终身阅读者

苏州大学教授朱永新老师曾说："**一个人的精神发育史，就是他的阅读史**。"书籍是我们的精神食粮，丰富了我们的精神世界。如果不看书，我们就会脑袋空空。

我们养育孩子也是一样的，不仅要精心照料孩子的一日三餐，也要为孩子精心挑选精神食粮。我在写这段话时，我家孩子推门而入，问我："妈妈，山莓的英文是什么？"他正在阅读《会讲故事的单词书》这本书。斯凯瑞系列书籍，他特别喜欢，翻阅了上百遍，乐此不疲。

最近我在带着他阅读蔡志忠老师的国学漫画系列，带着他背唐诗，认识老子、孔子、孟子、庄子等古代哲人。他喜欢"孟母三迁""庄周梦蝶""庖丁解牛"等故事。

我特别喜欢《战国策》里的一句话："**父母之爱子，则为之计深远。**"为孩子选好书，陪伴孩子一起亲子共读，让孩子爱上阅读，养成读书的习惯，就是在为孩子的长远发展铺路。

读书是可以产生复利积累效应的。你的气质里，藏着你读过的书和走过的路。读过1本书的人，跟读过1000本书的人，气质是不一样的。我们读书，就是在耕耘自己的心田。

如果没有读书，就没有今天的我。我一直非常感谢小时候的自己，做了一个重要的决定：好好读书，改变自己的命运。

人生的命运，是掌握在自己的手里的，当你下定决心改变，当你下定决心为自己的人生负责，你的人生就已经不同了。

我觉得自己很幸运，一路都接受了良好的教育，也特别感谢我的父母支持我的学业。我知道有很多时候，他们也很艰难。

我也很幸运，掌握了写作这个技能。我能将自己的故事、自己的所想所思分享出来，让更多人看见。这是上天对我的厚爱，我也一直怀着敬畏心创作每一本书，也希望每一本书都能给读者带去收获和启发。

以前我很少写自己的故事，在《精进写作》和《从零开始学写作》这两本书中，你看到的全部是诚意满满的干货。

而现在，我愿意跟你分享我的生命故事，因为我曾经从书籍里获得生命的力量。我相信，我的故事，也会带给你生命的力量。

很多时候，我们缺的不是方法，也不是干货，而是力量。当你没有力量时，即使给你很多的方法和干货，你也不会去行动。

期待你看完这本书，获得的不仅仅是实用的方法，还有行动的力量。真正行动起来，用读书改变自己的命运。通过读书，遇见更好的自己，活出心想事成的自己。

读书是一场无限游戏，让我们一起通过阅读，活出幸福而丰盈的人生。

» 致　谢

　　这本书的完成，离不开在各个方面给予我支持和帮助的人，请允许我在这里向他们表示感谢。

　　首先，要感谢"弘丹写作社群"所有学员，感谢你们的支持和信任，你们对读书的热情、对写作的热爱，也深深影响了我。

　　感谢我的先生，这些年一直支持我的读书和写作的事业，为家庭无条件付出。感谢我的孩子，你是我的软肋，也是我的铠甲，陪伴你慢慢长大，是我人生最幸福的事情。感谢我的公公婆婆，帮助我一起照顾孩子，让我有更多的时间创作。

　　感谢我的爸妈给予我生命，让我有机会接受良好的教育。也从小培养了我善良、勤奋、坚毅的品质，让我在人生的道路上披荆斩棘、乘风破浪。

　　感谢本书的编辑们，给这本书提出了宝贵的意见，让这本书更加完善。

　　还要感谢本书的插画师veevee老师，为了呈现最佳的效果，一遍遍修改插画。veevee老师的主业是建筑装饰设计师，同时也是一位视觉插画师，服务过阿里巴巴、微软、亚马逊、霍尼韦尔等知名企业，也是多本书的插画师，累计视觉作品超过1000个。

　　最后，我要感谢阅读这本书的你，感谢你的信任和支持，希望这本书能带给你收获和成长。**读书是一辈子的事，让我们一起做一名终身阅读者。**

微信扫描二维码，和我一起终身阅读

回复"读书技巧"，即可获得独家读书秘籍

回复"弘丹书单"，即可获得我的私人读书书单

回复"读书变现"，即可获得全书精华内容思维导图和手绘

扫码关注视频号

分享读书、写作和个人品牌干货

每周六早上7:00来听直播讲书

➤➤ 附　录

读书践行故事：读书会带来什么样的改变

读书会给我们的人生带来什么样的改变？这部分，我想跟你分享一些读书践行故事。他们中有国家运动员、公司创始人、职场妈妈、二孩宝妈，还有退休的"50后"。他们来自不同的城市，有着不同年龄和不同职业，但都有一个共同点，就是热爱读书和写作。

读书写作让我静心觉悟，人间清醒

2020年，在疫情至暗时刻，培训行业一片唱衰，线下授课全面叫停，我陷入了迷茫困顿之中。

曾经我一直想弄清楚什么是"觉悟"，后来在写作中我明白，"觉"就是"学习看见"，"悟"是我的心。所谓"觉悟"，就是"学习看见我的心"。而这一觉悟让我走进弘丹年度写作营。

写作和直播，让我实现了从线下到线上的商业模式转型。

在年度写作营里，弘丹老师的一次答疑，点醒了我："你为什么不利用你的内容创作能力，尝试做视频号呢？"

听了弘丹老师的建议，我开始做视频号。没想到，一条视频就有几千上万的观看量。再后来，我开起了直播。每次直播，我都会把文案写好，让我的直播内容干货满满。

弘丹老师的线上运营思维，对我的商业模式转型产生了很大影响。我决定把线下授课，转型为小鹅通和腾讯会议线上教学。这个转型，让我走出疫情的影响，连续六个月实现了线上变现6位数，还获得了视频号TOP10职场博主。

读书写作，让我一路成长，活得人间清醒。 我喜欢写日记，我用文字记录了自己一路从一名默默无闻的助理，成为世界500强亚太区高管的心路历程。

2012年我放弃高管职位，成为一名普通领导力发展顾问。如今我创办自己的公司，成为中国顶级商学院客座教授，成就上百家企业和上千名领导人。

我的愿景是：培养100位全方位领导人，激发潜能，为组织和领导者带来可衡量的结果。在中国培养行业和世界级领导者，推动中国企业走向世界。我坚信：**领袖成长，众人皆赢！**

2021年我加入弘丹写作社群，之后又成为弘丹私董会成员。我成功推荐12名企业高管加入年度写作营。短短几个月时间，我看到他们开始向内探索，从管理者蜕变为真正的领导者。

特别欣喜的是，弘丹老师也走进了LMI全方位领导人体系，并带领她的团队进入EPP学习。她通过自身和团队的不断学习成长，推动更多的女性激发潜能，活出绽放的人生。

人类一切的不幸源于不能平静地与自我相处。LMI一直强调书写的力量，而写作可以让很多管理者自我认知、澄澈思考，由内而外地生长。我希望写作一路陪伴我，直到我离开世界的那一天。

作者简介：古京丽，北大硕士、韦尔咨询CEO，曾为多家世界500强亚太区HR副总裁，管理过10个国家上万名员工。中国最早的领导力发展资深顾问之一，全球第一领导力机构LMI中国股东和授许人。2022年LMI全球奥林匹克亚洲唯一获奖个人，全球和亚洲区成长领导金奖。

40岁不惑之年，爱上读书写作，拥有人生护城河

我，40岁刚出头，有着令人羡慕的幸福家庭和稳定工作，看似小富即安，实则危机四伏。

事业方面，疫情之下到处是裁员降薪的新闻，我所在的公司，同样艰难维持

着。家庭方面，大女儿正处叛逆期，小女儿正是幼小衔接的关键时刻，作为妈妈每天围着家庭、事业打转，忙到没有自我。

偶然机会，看到弘丹老师的写作训练营，我毫不犹豫地报名，从此开启了人生的另一片广阔天地。

刚踏入写作营时，我不仅写作方面是个小白，阅读量更是几乎为零。在写作社群，我从每天阅读两页书开始，养成了良好的读书习惯，一年的阅读量飙升到近百本。

我不仅自己读书，还开启了"大霞共读"公益读书群，2021年一整年领读书籍20多本，影响了近百人一起读书。

特别开心的是，读书写作对两个女儿的影响也很大。大女儿写的文章经常在校刊发表，小女儿6岁就已经能无障碍阅读。老师更是经常表扬她们语言表达能力和想象力远超同龄的孩子。

在写作领域我也取得了不错的成绩：2020年，听书稿实现上稿；2021年，自己写领读稿，新媒体文章上稿20多篇；2022年，写的文章被收录到即将出版的合集中，简直是太开心了。

通过这3年的不断努力，我不仅顺利实现了读书和写作变现，人生也活出了新的版本。读书写作拯救了我，我便模仿弘丹老师，带着一群伙伴一起践行目标管理，不仅解决近百人的目标达成问题，还影响了16位伙伴加入弘丹老师年度社群，一起读书写作。

站在今天回头看，是读书写作让我的人生有了梦想，是读书写作为我打开了新世界的大门，是读书写作让我的人生第一次有了护城河。

在写作成长营中，我活出自己，对生活充满热爱，我积极向上的生活态度也感染了很多人。我笃信，只要一直写下去，人生会有更多可能，只要每天向着目标行动，梦想终会变成现实。

作者简介：明媚，培训公司首席讲师，两个女宝的妈妈，多平台上稿作者，"积微目标管理社群"创始人。爱读书、爱分享，努力的意义就在于，放眼未来，生活中全是自己喜欢的人和事。

一年上稿113篇，读书写作让我突破自我，创造奇迹

曾经的我，是个十分颓废的人，每天在单位做着重复的工作，意志几乎被磨灭殆尽。我对这样的自己感到很焦虑，希望能找到改变的方法。

某一天，我在荔枝微课上偶然看到了弘丹老师的课程，为了提升一下自己的写作技巧，我就加入了年度会员。

我完全没想到，这里为我打开了一扇新世界的大门，从此我快速蜕变。

2020年1月，弘丹老师亲自为我们领读了一本书：《终身成长》。这本书告诉我们，人有两种思维：一种是固定型思维，遇到失败会抱怨，停滞不前；另一种是成长型思维，爱上挑战，不怕失败。

我被成长型思维深深打动了，每天跟着老师的领读学习，整本书读完，我也成为一个拥有成长型思维的人。我广泛涉猎不同书籍，整个人也变得积极主动起来。

我94岁的奶奶就是一名终身学习者，书不离身的她，特意打电话来支持我在弘丹写作社群的学习，给了我很大的信心与温暖。

我主动参与各项社群活动，不停汲取活动中的知识与经验。现在的我，已经是年度会员的运营班主任与点评教练，带动更多学员和我一起在写作道路上成长。

不只如此，我在写作上也取得了不错的成绩。从2020年年初至今，我写了160多万字，2021年上稿113篇文章，曾创下一个月内连续上稿31篇的奇迹。还有两篇文章上稿了百万级别的公众号樊登读书。由于经常给出版社写书评，我成为优质书评人，实现了"看书自由"。

现在的我，通过在阅读写作方面的业余探索，变成了一个拥有终身成长思维的人，不再焦虑，也找到了自己真正热爱的方向。

阅读与写作，已成为我生命中不可分割的一部分，它们让我每年都活出更高版本的自己。**我对自己的人生不再设限，也遇到了自己更强大的模样。**

作者简介：苏莉，阅读写作教练、优质书评人、学习类社群运营师、多平台签约作者、百万级公众号上稿作者。热爱写作与阅读，喜欢用文字与世界连接。

带娃4年，读书写作让我活出了全职妈妈的价值

我原本是一线城市的一名光鲜亮丽的职场女性，在自己的职业领域也做出了一些成绩。人到三十回到老家二线城市结婚生子，成为一名全职妈妈。

我每天一睁眼就是嗷嗷待哺的娃，混迹各种宝妈育儿群，也都是鸡零狗碎的婆媳关系，再抱怨伴侣的不给力，混出了妥妥的"怨妇心态"。

带娃的辛苦和不被家人理解的郁闷，一度让我的情绪跌至谷底。我看不到未来，也看不到自己的价值。

后来我遇到了弘丹老师的《精进写作》，弘丹老师说："**每一个普通人都可以通过写作，实现人生的跃迁。**"这句话给了我极大鼓舞。

于是我毫不犹豫加入2021年的年度会员，想要一整年都浸泡在写作社群，贴身跟弘丹老师学习。

社群里有很多投稿资源，在收到育儿平台招募作者时，零基础的我立刻就报了名。可真正收到稿件任务时，"我写不出来，我不行"的声音就环绕在我的耳边。

差点就要被"躺平"的小人打败时，另外一个有力的声音也出现了："不要放弃啊！你行的！你只要参与了，开始了，你就走在'变厉害'的路上！"

我每日练习写作，终于上稿了第一篇育儿文，随后很快就有第二篇、第三篇、第四篇……单篇稿费也从50元跨越到800元。还得到出版社编辑邀约进行励志类书籍的共创，圆了"作家梦"。

在弘丹老师的影响和指导下，我又突破真人直播，加入运营团队，成为写作教练，还开启个人写作咨询付费产品，让我有了除稿费之外的多项额外收入。

在弘丹写作社群，我通过写作和读书实现破圈，收获了更多副业变现的机会，从手心向上的全职妈妈变成月收入破万的自由撰稿人，个人影响力也大幅提升。

以前我一直期待有一天，自己能够从容自信、优雅端庄地站在任何场合，不依附于他人，不再只作为某人的妻子、孩子的母亲而被记住，我就是我自己。

如今我做到了，是读书和写作成就了我！

我重新审视"全职妈妈"这个身份，她不再是单纯地带娃，而是能通过自己

的兴趣和热爱，实现个人成长和人生价值。

读书和写作带给你美好生活的感知力，当你活出闪闪发光的样子，你就能影响身边的人，温暖自己，温暖他人。

这样的你，就能活出自己最大的价值，就是孩子最好的榜样。

作者简介：婷然Tina，身在家庭心却不愿受束缚的全职妈妈，工商管理硕士，弘丹写作第一批私董会员。学霸成长社社长，社群运营官，自由撰稿人。

阅读写作，让我实现左手育儿，右手打造个人品牌

2018年之前，除了育儿书籍，我基本上不太读其他书。孩子的书却是十年积累了上千本。所以，儿子小学高年级后，进入自主学习状态，80%的功课都是A甚至A+。

7年前，我从职场回归家庭，成为全职妈妈，同时开始了持续学习，进行心理咨询师、美国正面管教讲师、鼓励咨询师、家庭教育指导师认证，以及各种听书和纸质书阅读等。

5年前，因为想解决孩子教育问题，我加入知识付费赛道，开启自己的亲子社群。我不仅自己学习，也持续分享，实现了真正意义上的学习变现。

这些年，我不断通过阅读持续精进。关键不在于我们现在能赚多少钱，而是你的认知可以帮助你赚到多少时间的复利。

2020年年底，我被弘丹老师深深吸引，她通过6年时间，打造千人读书写作社群。靠近弘丹老师，是因为我也希望通过阅读写作，可以获得人生的跃迁。

2020年开始，我组建线上读书会，带着大家读书成长。团队小伙伴养成了阅读听书和分享输出的习惯，还开启家庭阅读，跟孩子和先生一起读书。

2021年，我希望朋友间的交流不仅是聊日常琐事，还可以经由阅读提升见识，因此创建了"无锡超能美妈线下读书会"。

每次我都会选择风景优美的地方，带着大家一起线下读书，还邀请了特别会抓拍的摄影师，拍美美的照片。很多同频朋友加入读书会，大学老师、心理咨询

师、创业人、全职妈妈等。

线上线下读书会的持续运营，帮助我内外丰盈。我不仅打造了自己的个人品牌，还逐步搭建了核心团队。更重要的是，我更有能力去经营家庭，引导孩子。父母成长的维度，才是孩子人生的灯塔。我也和周末才回来的老公相约，每月共读一本书。我和两个孩子，也开启了四期家庭读书会。

我相信阅读写作可以影响更多女性，不管是在职场还是全职在家，都可以变得更加自信。我推荐了10多位年度会员，未来还会影响更多小伙伴加入弘丹写作社群，成为年阅百本的书香家庭，甚至影响三代人。

阅读写作，也许不会让你的人生立马发生改变，却是你活出心花怒放人生的必备能力。我们一起持续阅读，收获稳稳的幸福！

作者简介：沈晓菡，弘丹写作私董会成员，无锡超能美妈读书会创始人，擅长写朋友圈文案的宝藏妈妈，家庭教育指导师，美国正面管教讲师，育儿平台万人团队长。

读书写作，让我突破迷茫，找到人生第二曲线

我喜欢创造性的事情，大学选择了建筑设计专业。毕业后，我成为一名建筑师，承担着比同龄人更多的工作职责。我大量吸收新的知识经验，不断思考如何进一步职场进阶。

可是，几年职场的超负荷工作，耗光了我的能量，我的身体也遇到了问题。尤其是当孩子发烧，我却必须在公司加班时，我更加感到沮丧，不知道人生的意义是什么。

从小到大，我都期待人生可以由自己主导。而那一刻，人生仿佛失去了掌控感。我开始强迫自己寻找第二曲线，为未来成为更好的自己做准备。

在完全没有方向时，我决定先从阅读写作开始。因为阅读可以拓宽思维，写作帮助我思考输出。从大量的阅读中，我发现我对知识管理类、学习力类、笔记成长类书籍最感兴趣。我不断地学习，系统化梳理，并且在行动中积累经验，构

建了自己的知识体系。

更幸运的是，因为对阅读写作的喜爱，我遇到了弘丹老师，成为弘丹写作社群4年的铁杆会员。弘丹老师经常鼓励我，让我把自己高价值的知识分享给更多人。我参与弘丹写作社群的多次分享，线下活动的多次分享使我得到了很多朋友的认可，让我对自己的能力和知识更加自信了。

我继而设计推出了自己的"知识管理训练营"课程，这个过程中，弘丹老师给了我很多督促并提出了很多优化建议，让我对自己的产品充满了信心。到截稿日，我的训练营已运营了4期，获得了学员的一致口碑好评。

现在是信息量爆炸的时代，知识碎片化，迭代更新快。如果缺乏梳理知识的能力，就无法应对当下职场需求，容易被时代淘汰。通过知识管理塑造的核心硬本领，是我应对未来一切变化的盔甲，也是我真挚地热爱这个领域，并努力分享给更多朋友的原因。

五年前的我，经历着职场和人生的焦虑与困惑，是阅读写作拯救了我，并帮助我找到了自己的人生愿景和使命。现在的我生活很自如，白天上班工作，下班后安排好孩子的学习，然后投入到自己热爱的领域中去。**我不再畏惧职场的任何不确定，因为我有对冲风险的知识变现力。**

有人说"种一棵树最好的时间是十年前，其次是现在"，从现在开始，为自己种一棵树吧。而阅读写作，一定是那最好的种子。

作者简介：高小迷，个人知识管理教练、知识IP变现导师、国家一级注册建筑师。弘丹私董会成员，期待用一生来践行"阅读、行动、分享"。

64岁的我，又焕发了青春，只因遇上了弘丹写作

大部分退休的人，都是颐养天年，照顾孙子。而我64岁了，却跟一群年轻人在一起读书、写作、直播和做短视频，整天精神焕发。

朋友见到我，以为我做了什么高科技美容项目，看我朋友圈的人，以为我是30多岁的职业经理人，我也对自己的状态很满意。

其实在2019年时，我不是这样的。那时候我整天照顾孙子，感到疲惫和郁闷，迟钝和衰老，有一种深陷沙海、无力自拔的感觉。我以为这是自然规律，余生将会一直这样。

直到有一天，我遇见了弘丹写作，沉睡在心中几十年的写作梦想被唤醒，那种感觉就像在沙漠里发现了一片绿洲，我毫不犹豫地报名成为2020年度会员。

在写作社群，我不仅提高了写作技能，还改变了思维方式。共读《终身成长》，让我获得了成长型思维；学习"自信力"课程，让我获得了力量。我甚至经常在想，为什么没有早一点儿遇上弘丹老师。

在这里我学会了写听书稿，现在我是多个平台的上稿作者。这些平台都是弘丹写作社群对接的，我写过听书稿的书有：《合作竞争》《孩子是个哲学家》《苏格拉底》《生而不凡》等。

写听书稿不仅可以深度阅读一本书，学到作者多年的经验积累，还能收到不菲的稿费。我现在的稿费早已达到5位数，N倍挣回了学费。我还是听书稿训练营的点评老师，还成为"弘丹早起读书会"的审稿编辑。

我还学会了做海报、做视频、做直播。刚开始学做这些时，我认为太难了，自己学不会。弘丹老师鼓励我们，不要给自己设限。现在我做直播和短视频都很娴熟了。所有这些放在从前，是完全不敢想的。

学习写作让我改变了很多。过去因为一点小事，我就会炸或者生闷气。如今我照顾着偏瘫的老妈，有时还要照顾两个孙子，依然能够心态平和、不急不躁，还能抽出时间写作、直播、做社群。我完全忘记了年龄，64岁的我，感觉又焕发了青春。

如果你感到迷茫，就来学习写作吧。现在是写作最好的时代，互联网+智能手机，可以让你的文字插上翅膀，成为你打造个人品牌的有力武器。

作者简介：乐都，弘丹写作连续3年会员，多平台听书稿上稿作者，"弘丹早起读书会"审稿编辑，听书稿训练营点评老师。爱读书、爱写作、爱分享的"50后"，致力于帮助更多人爱上读书、爱上写作。

七夏 千人社群运营负责人/视觉设计师/多平台上稿作者

有人说:"认真读书,就能找到被人生偷藏起来的糖果。"

作为千人付费社群的运营负责人,毕业后的工作,就是我通过阅读找到的"糖果"。

因为热爱阅读写作,我顺利入职弘丹老师的团队,工作期间也持续阅读,获得了撰写人物传记的机会。我的第一本书,关于贝多芬的传记即将上市。

通过阅读,激发内心的力量,勇敢追寻梦想,我做出人生重要的决定:从天津搬到上海工作。来上海后,我视野开阔、事业开挂,创造了零基础写作营100%的打卡战绩!

如果要推荐一本书,我会推荐你阅读:《最重要的事,只有一件》。

琪琪 社群营销负责人/超人气主播/阅读写作推广人

我们在人生前进的路上,会遇到很多的困惑,读书就是一种很棒的解惑方式。加入弘丹写作社群后,我跟随弘丹老师1年深度阅读24本书籍。读书,让我开启了上稿变现之路,我把读过的书写成了文字,《先做英雄,后做美人》也被收录合集出版。

读书丰富了我的直播内容,每天早上7:00,我都会在"琪琪弘丹写作营"直播,跟大家分享好书,累计直播200多场。读书可以改变命运,我通过读书找到了一生的使命:帮助更多的伙伴,养成阅读写作习惯。

如果要推荐一本书,我会推荐你阅读:《了凡四训》。

冯小敏 国家轮椅网球队运动员/达内教育金牌讲师/高级运维开发工程师

我参加过亚运会,拿过世界杯冠军,参加过4届全运会,获得3金5银3铜的成绩。同时我也是高级运维开发工程师,达内教育的金牌讲师、追梦榜样。

我一直都有写作的想法,想把自己的故事写出来,却一直没有行动。2021年年底,我在网上找到了弘丹老师,在琪琪和弘丹老师的鼓励和帮助下,加入写作社群，和更多爱写作的同学们走到了一起，共同学习成长。

在这里，我一年读完了60本书，写了10多万字。除此之外，我也在运营社群帮助运动员解决一些生活和工作的问题，影响更多人爱上读书写作，不断丰盈自己生命的厚度和宽度。

如果要推荐一本书，我会推荐你阅读：《心力》。

莉莉安吴 "熊猫自游人"公众号主理人/家庭教育指导师/阅读写作达人

人生的运气都藏在我们读过的书里。我热爱阅读写作，零星有作品刊登在《妈咪宝贝》《育儿世界》《儿童文学》等杂志上。育儿博文被收录在《全球百名新浪名博主谈育儿》书中。

跟着弘丹老师一起阅读写作，让我找到了自己的人生梦想：希望能用文字结识更多的朋友，影响更多人爱上读书。

如果要推荐一本书，我会推荐你阅读：《终身成长》。

慢慢 每天读点故事签约作者/听书稿上稿作者/理科博士

因为读书，我加入了弘丹写作社群；因为读书，我认识更多优秀的人，遇见了更多可能。

一年的时间，我从写短书评到写6000多字的听书稿，单篇稿费从300元涨到1500元。我2个月过稿6篇听书稿，稿费6000多元。我从写作小白成长为听书稿的点评老师、大平台的签约作者，一切以往的不可能都变成了可能。

如果要推荐一本书，我会推荐你阅读：《菜根谭》。

哈哈静 十点读书签约作者/听书稿上稿作者/线上运动私教

2019年年初，我参加了弘丹老师组织的"10天写3万字回忆录"活动，由此开启了"我手写我心"的自由写作，让我更加坚定个人奋斗的意义。

此后，我便跟随弘丹老师开启读书写作变现之路，上稿"十点读书""方太幸福家"等平台，累计稿费1.3万余元。我不但把读过的书变成钱，还学以致用，活出闪闪发光的自己。

如果要推荐一本书，我会推荐你阅读：《写出心灵深处的故事》。

晨星　"75后"公务员/上海财经大学公共管理硕士/高级会计师

2020年年底，我被弘丹老师身上的自律积极、勇毅坚韧的品质所吸引，小时候的写作梦被唤醒。加入弘丹写作社群，我与更多同频的人走到一起，共同学习成长。

在这里，我一年读完了100本书、听了600本书，书写45万字，多平台上稿20多篇。除此之外，我还提升了社群运营能力，影响更多人爱上读书写作，以此不断丰盈自己生命的厚度和宽度。

如果要推荐一本书，我会推荐你阅读：《少有人走的路》。

大慧　互联网大厂前高级产品经理/家庭绘本阅读讲师/教育业私域操盘手

近朱者赤，跟弘丹老师学习，我不仅爱上阅读，也掌握了高效的阅读方法。我边阅读边经营自媒体，从全职妈妈过渡到自由职业者。

加入弘丹老师的私董后，我从镜头恐惧到一个月开启8场直播，好的状态吸引朋友加入年度会员，成为社群的影响力之星，3个月赚回私董学费。

在弘丹老师的辅导下，我开发出家庭绘本共读私房课，预售阶段就开单，打通个人品牌飞轮。我也开发了一对一咨询产品，成为9.8分的在行行家。

女儿也更爱看书了，我们常常一家人一起看书，一起办家庭故事会，成为书香家庭。阅读改变了我的生活，让我重新闪闪发光。

如果推荐一本书，我会推荐你阅读：《高效能人士的7个习惯》。

周文心　985硕士/职场宝妈/多平台上稿作者

985高校硕士毕业后，我如愿进入一家大型国企工作，期待有一番作为。然而现实很骨感，我只负责简单的工作，巨大的落差让我痛苦不堪。

改变源于《精进写作》，读完后我发现不必冒险放弃工作，也不必纠结自己究竟要做什么，坚持读书写作就可以让生活气象万千。

我用业余时间写作，上稿多个平台，一个月上稿7篇，赚到了稿费。我还因为写作能力出众被领导赏识，顺利转岗到核心岗位。

我还带宝宝读书，打造书香家庭。两岁的娃不仅能随时安静专注，还能背下十几首古诗，效果好得让我惊艳。

读书让人进步，我通过读书写作启航职场新征程，内心笃定有力量。

如果要推荐一本书，我会推荐你阅读：《你的生命有什么可能》。

星辰　资深活动主持人/企业和家庭咨询顾问/男孩自驱力教练

2022年我加入年度写作社群，并成为第一批弘丹私董，通过弘丹老师一对一咨询辅导，我找到了自己的人生定位。

读书写作丰富了我的学习和生活，每天早上6:00—9:00，我专注读书写作3小时，并进行12项日课打卡。

写作营让我深耕自己的专业领域，提升写作能力，实现上稿。视频号直播课让我开启了直播。我已完成36场《星辰有约》父母直播访谈，影响了11位伙伴加入年度会员，成为影响力之星。

如果要推荐一本书，我会推荐你阅读：《跨越式成长》。

居燃　心理咨询师/觉知力教练/阅读写作教练

毛姆说："阅读是一座随身携带的避难所。"加入弘丹写作社群之前，我一年读书不过两三本。加入之后，我2年阅读300多本书，2年写了350万字，2021年直播了104场。

写作、阅读、直播，是我个人品牌的三大利剑。如果说阅读是磨剑，写作和直播就是亮剑，个人品牌变现就是击剑。如今，我踏上成长的高速公路，影响力越来越大，感恩遇见弘丹老师。

如果要推荐一本书，我会推荐你阅读：《拥有一个你说了算的人生》。

享邑　阅读写作教练/财商领航教练/法务工作者

曾经有人提写作，我会说："我作文就没及格过，我不会写，写不来。"

现在我会说："我是一名写作教练，我实现了自己的写作梦想，完成了从0到1的挑战。"

仅仅一年的时间，我从不会写到已经上稿文章20多篇，为方太幸福家、育儿、美妆等多个平台供稿。

我从内向、不善与人沟通，到学会了统筹安排各项事务，成为一名优秀的运营官，成为年度会员的班长，负责的听书稿班级100%完成打卡。

我们拥有无限潜能，需要一位领路人去激发出来！

如果要推荐一本书，我会推荐你阅读：《无限可能》。

暖茉　公务员/慢跑爱好者/书评人

2021年，我想给五年后的自己送一份礼物，因为五年后是我退休的日子。礼物的标准是：能让自己感受到幸福。所以，我选择加入弘丹写作社群。

我从一年读3本书到一年读50多本书，从写作小白到文章上稿，再到写书评文章，实现写作变现。我从这里出发，走出"中年危机"，生命变得更加充实，感受到真切的幸福。

如果世上真的有一剂良药可以疗愈心灵，那就是读书。不论多少岁，不论在哪里，现在就是最好的时光，不断读书，向上生长。

如果要推荐一本书，我会推荐你阅读：《当下的力量》。